GRAZIA LILLO

L'AUTOSTIMA È DONNA

Come Aumentare La Sicurezza In Te Stessa e Sentirti Vincente Con La Tecnica Delle 3A

Titolo

"L'AUTOSTIMA E' DONNA"

Autore

Grazia Lillo

Editore

Bruno Editore

Sito internet

http://www.brunoeditore.it

ATTENZIONE: Tutti i diritti sono riservati a norma di legge. Nessuna parte di questo libro può essere riprodotta con alcun mezzo senza l'autorizzazione scritta dell'Autore e dell'Editore. È espressamente vietato trasmettere ad altri il presente libro, né in formato cartaceo né elettronico, né per denaro né a titolo gratuito. Le strategie riportate in questo libro sono frutto di anni di studi e specializzazioni, quindi non è garantito il raggiungimento dei medesimi risultati di crescita personale o professionale. Il lettore si assume piena responsabilità delle proprie scelte, consapevole dei rischi connessi a qualsiasi forma di esercizio. Il libro ha esclusivamente scopo formativo.

Sommario

Prefazione — pag. 5

Introduzione — pag. 7

Capitolo 1: Come imparare ad amarsi e ad amare — pag. 11

Capitolo 2: Come valorizzare famiglia-scuola-lavoro — pag. 20

Capitolo 3: Perché apprezzare il mondo femminile — pag. 46

Capitolo 4: Aumentare la propria sicurezza con le "3A" — pag. 74

Capitolo 5: Come stimarti e sentirti vincente! — pag. 92

Conclusione — pag. 107

Prefazione

8 Marzo 2019: non è un caso aver scelto questa data per la pubblicazione del mio libro.

Ricorre la Giornata internazionale della donna! Per ricordare le conquiste sociali, economiche e politiche, ma anche le discriminazioni e le violenze di cui le donne sono state e sono, ancora, oggetto in tutto il mondo. La celebrazione si tenne, per la prima volta, negli Stati Uniti nel 1909, momento in cui si affrontò la questione femminile e la rivendicazione del voto delle donne. In Italia dal 1922.

La connotazione, fortemente, politica della giornata della donna, e le vicende della seconda guerra mondiale, contribuirono alla perdita della memoria storica delle reali origini della manifestazione, così da far circolare versioni fantasiose, secondo le quali l'8 marzo avrebbe ricordato la morte di centinaia di operaie nel rogo di una inesistente fabbrica di camicie avvenuto nel 1908 a New York.

Probabilmente, si fece confusione con una tragedia realmente accaduta il 25 marzo 1911 nella fabbrica Triangle, nella quale morirono 123 donne e 23 uomini, in gran parte giovani immigrate di origine italiana ed ebraica. In realtà, la motivazione dell'istituzione di questa festa, è legata alla rivendicazione dei diritti delle donne, tra i quali, proprio, il diritto di voto.

Con questo libro, pubblicato l'8 marzo, ho voluto suggellare un'esperienza unica e meravigliosa quale, appunto, la creazione di un libro dedicato alle donne, ma non solo, che parla di donne e che può aiutare molti uomini a comprendere meglio il loro mondo, ricordando di festeggiarle tutti i giorni e non solo l'8 marzo. Un libro scritto grazie alla donna della mia vita: mia figlia Lucrezia; e realizzato grazie all'amore di un grande uomo: mio marito Leonardo.

Introduzione

Parlare di autostima al femminile è, sicuramente, una sfida interessante. Nel titolo del libro *"L'autostima è donna"* è insita tutta la volontà di far comprendere che tante difficoltà incontrate dinanzi al nostro cammino, sono superabili, semplicemente, conoscendo le nostre qualità ed i nostri punti di forza, avendo, così, più fiducia in noi stessi e nelle nostre risorse.

Partire dalle mie esperienze personali per poi esaminare tutti gli aspetti che circondano il mondo della donna e la portano ad essere più o meno consapevole della propria autostima, ha voluto significare la volontà di intraprendere un percorso di analisi e ricordi di esperienze, più o meno positive, che hanno lasciato un segno tangibile ed inequivocabile di crescita personale.

Ogni percorso, se vissuto profondamente, lascia un insegnamento. Qualsiasi esperienza che ci vede coinvolti, struttura il nostro carattere e la nostra forza fisica, ma, soprattutto, mentale.

L'autostima è quell'elemento distintivo che ci aiuta a fissare degli obiettivi chiari e raggiungibili, ma, soprattutto, ecologici per ognuno di noi. Ecologici in quanto coincidenti con i nostri valori morali e sopportabili dal nostro punto di vista fisico e mentale.

La vita ci insegna che, gli imprevisti vanno analizzati con cura e affrontati con forza perché, a tutto c'è una soluzione. Si, proprio così, una frase che ha segnato tutta la mia vita e che ripeto spesso dinanzi ad una difficoltà è proprio questa: *"non ci sono problemi, ma solo soluzioni!"*.

Ecco un chiaro e semplice esempio, di autostima. Se c'è una situazione complessa e nuova da affrontare, non è necessario soffermarsi sulla difficoltà, ma solo, sulle soluzioni perché c'è sempre una soluzione, qualsiasi sia il problema. La nostra mente non ha alcun limite, poiché in grado di affrontare tutto. Basta semplicemente volerlo.

Credere in noi stessi e nelle nostre potenzialità è il pilastro della nostra autostima. Non dobbiamo permettere mai a nessuno di svilire le nostre qualità. Ognuno di noi è un essere unico ed insostituibile e come tale, capace di fare la differenza anche dinanzi alle difficoltà.

Naturalmente, molti sono i fattori che contribuiscono alla crescita della nostra autostima. La famiglia, la scuola, il mondo del lavoro, e comunque tutti quegli elementi, tutte quelle persone con le quali veniamo in contatto nel nostro variegato e, talvolta, complesso, percorso di vita. Sta poi, alla nostra capacità di raziocinio ottimizzare le esperienze, trarne sempre il meglio e riqualificarle come bagaglio culturale e di vita.

L'approccio positivo a qualsivoglia esperienza può solo aiutarci a migliorarne il risultato. Essere negativi, è solo frustante e demotivante. Un sorriso può aiutare noi ed i nostri interlocutori ad abbassare le barriere ed a semplificare qualsiasi situazione. Convinciamoci che ognuno di noi ha la capacità di raggiungere qualsiasi scopo purché, fortemente, desiderato e voluto.

Gli ostacoli che si frappongono servono, solo, a rafforzarne il desiderio e ad aumentare la nostra voglia di arrivare ma, soprattutto, di *"Essere"*.

Nessuno ha il diritto di arrestare la nostra crescita, ma tutti abbiamo il dovere di correre verso orizzonti nuovi e sempre più ambiziosi.

Capitolo 1:
Come imparare ad amarsi e ad amare

Chi ero

Un'immagine, più di ogni altra, affiora nella mia mente e rappresenta, in modo chiaro ed inequivocabile, la mancanza di autostima e consapevolezza delle proprie qualità. Avevo appena sette anni e, scendendo le scale dell'appartamento dove abitavo con i miei genitori, mio padre, accorgendosi del mio chinare lo sguardo difronte al vicino incontrato per caso, mi spronò ad alzare gli occhi, guardare la persona e salutare.

Ovviamente, avevo appena sette anni, molto piccola per capire il grande significato di un saluto, di un sorriso e, magari, di una stretta di mano. Quanto tempo è passato da quel momento, ma quanto mi ha segnata! Mi ci sono voluti un bel po' di anni per capire che gli occhi sono, davvero, lo specchio dell'anima, che il sorriso spalanca tutte le porte e che una stretta di mano e un abbraccio scaldano anche il cuore più duro.

Spesso, mi sono chiesta come sia stato possibile che un rimprovero così inaspettato, imbarazzante e, a mio avviso, inopportuno, abbia potuto imprimere un ricordo così indelebile nella mia mente ed abbia segnato il cammino verso la scoperta della mia autostima.

Ero solo una bambina, avrei potuto dimenticare l'episodio, magari piangere e disubbidire e, invece, nulla di tutto questo. Arrossii, sorrisi e salutai e la risposta fu una tenera carezza sul viso. Ecco quello che mi aspetto ogni volta che, oggi, guardo, sorrido e, magari, abbraccio qualcuno, trasferendogli le mie sicurezze, il mio calore, la mia stima, il mio rispetto e, magari, il mio affetto…mi aspetto una tenera carezza… al cuore!

Incrociare lo sguardo della gente, abbozzare un sorriso e farla sentire importante, ha un valore inestimabile, rompe ogni indugio e rafforza la propria e l'autostima altrui.

Negli anni, ho imparato che è fondamentale avere sempre un atteggiamento positivo dinanzi alle varie situazioni e, soprattutto, dinanzi a quelle difficili. Piangersi addosso non aiuta affatto a stare meglio oppure a risolvere i problemi… anzi!!!

SEGRETO n. 1: il valore di un sorriso che riscalda il cuore e abbatte ogni barriera.

Alla base di tutto c'è l'accettazione di noi stessi e della realtà che ci circonda, infatti, se impariamo ad amarci, impareremo ad amare gli altri, a farci amare, ad amare la nostra vita e quindi, sarà più semplice accettarci, accettare ed affrontare con positività gli ostacoli che, inevitabilmente, la vita ci pone dinanzi.

L'autostima è qualcosa che non individuiamo immediatamente, perché dobbiamo, prima, imparare a conoscerci, a capire le nostre potenzialità ed a mettere in pratica i nostri talenti. Proprio così, ognuno di noi ha tanti differenti talenti da sfruttare e da far conoscere agli altri, ma se non li conosciamo noi come possiamo farli conoscere a qualcun altro?

SEGRETO n. 2: l'atteggiamento positivo è l'elemento fondamentale nella soluzione dei problemi.

Chi sono

L'elemento di cambiamento sta proprio nel capire chi sono e chi davvero voglio essere. All'inizio, una bimba timida ed impacciata, poi una ragazza un po' introversa ed insicura, infine una donna consapevole delle proprie qualità e pronta a mostrarle al mondo.

Ecco la chiave di svolta, porre l'attenzione sulle proprie qualità, non logorarsi sugli aspetti negativi di noi stessi, ma su quelli positivi perché saranno questi ultimi a fare la differenza ed a renderci unici.

Sembrerà strano, ma prendere coscienza delle nostre potenzialità ci renderà più felici perché scoprire il bello che è in noi ci aiuta a stare meglio con noi stessi e con gli altri. Affronteremo le nostre giornate con uno spirito gioioso perché sapremo di valere, anche tanto, e questo ci renderà enormemente felici.

In base alla nostra autostima interpreteremo le varie situazioni. Più alta sarà e migliori saranno le valutazioni che faremo dinanzi a tutto ciò che ci capita, diversamente, guarderemo tutto con occhi negativi se la nostra autostima sarà insufficiente. Da tutto ciò è facile scoprire chi *"realmente sono"* ossia come mi vedo io e come mi vedono gli altri, perché le due differenti visuali devono incrociarsi per poter essere vere.

Proprio così, non è sufficiente vedersi belle, interessanti, desiderate, uniche oppure, al contrario, brutte, scontate, inutili, inadeguate. È fondamentale capire, anche, come ci vedono gli altri per dare conferma o meno alle nostre valutazioni e, magari, apportare dei miglioramenti.

SEGRETO n. 3: impariamo a conoscerci, scoprendo i nostri talenti, e ad amarci migliorandoci.

Appare ovvio che, se trasmettiamo emozioni positive perché crediamo in noi stessi, risulteremo positivi anche agli occhi degli altri che ci cercheranno ed avranno piacere a stare con noi, confrontandoci e migliorandoci tutti insieme. Prendere, pienamente, consapevolezza di ciò che realmente siamo ci rende più forti e ci porta ad essere punto di riferimento per coloro che ci sono accanto e, vi assicuro che, quest'ultimo aspetto è il più gratificante che possa mai esserci.

Da donna oramai adulta e con un bel po' di esperienza nella vita, ritengo di sapere ciò che sono e, soprattutto ciò che voglio essere. Quella ragazzina un po' impacciata e timida di un tempo, ha lasciato spazio alla donna che, spronata a fare sempre meglio, ha preso piena consapevolezza delle proprie qualità, mettendo in luce più i pregi che i difetti, e focalizzando l'attenzione sul meglio che riesce a tirare fuori ed a donare a chiunque gli sia vicino.

SEGRETO n. 4: capire chi ero, chi sono e chi sarò.

Appare ovvio che, le esperienze di vita ci aiutano a crescere ed a migliorare. Io, personalmente, sento di essere grata anche al lavoro che per molti anni ho svolto come consulente finanziario, dapprima presso una multinazionale olandese la Ing Bank e, successivamente, in Unicredit.

Il contatto con tanta gente di ceto, estrazione sociale e culturale diversa, mi ha aiutata a capire ed a confrontarmi con una varietà immensa di situazioni, problematiche e vite molto diverse tra loro. Quanto è meravigliosa la vita nelle sue molteplici sfaccettature!

Ogni appuntamento di lavoro era un'esperienza nuova, una nuova crescita, nuove conoscenze, nuovi rapporti e relazioni. Tutto meravigliosamente diverso. Nelle tante difficoltà incontrate, sento di essere grata al mio lavoro, a quegli anni tanto faticosi, ma altrettanto meravigliosi!

Chi sarò

Facile capire dopo tutto questo, chi voglio essere…voglio essere una donna autentica, consapevole delle proprie qualità, gradevole alla vista, ma soprattutto all'ascolto. Una donna che cerca e viene cercata, soprattutto dalle altre donne, che hanno il piacere di confidarsi, di raccontarsi e, perché no, diventare complici della propria e della crescita altrui. Pronta a migliorarsi sempre, a correggere e smussare lati non sempre semplici del proprio carattere. Una donna che sorride e che cerca il sorriso altrui, capace di accarezzare il cuore e farselo accarezzare da coloro che desiderano scoprire il bello della vita…il bello dell'essere vivi!

Ecco chi sarò: sarò un punto di riferimento per molti ed una scoperta per tanti. Sono convinta che la mia esperienza di vita possa aiutare qualcuno a conoscersi e amarsi. Possa far capire a chi legge queste pagine che chiunque può migliorare e migliorarsi…basta solo volerlo.

Sarò l'esempio della timidezza trasformata in disinvoltura, l'esempio della donna che, dapprima, introversa ed insicura, prenderà consapevolezza delle proprie qualità trasformandosi in una donna estroversa e sicura di sé. Scoprirmi, peccando un po' di modestia, una persona diversa dalla norma, una trascinatrice di entusiasmo, ed una brava consigliera, per me è stato fantastico e lo è ogni giorno di più.

SEGRETO n. 5: le esperienze, anche le più difficili, aiutano a farci crescere.

Spesso, mi domando come sono arrivata a questo punto. La risposta è sempre la stessa: mi sono amata e continuo ad amarmi tanto! Naturalmente, dietro tanta positività ed aspetti allettanti ed interessanti, non mancano sfaccettature caratteriali non sempre facili e comprensibili, ma la perfezione non è cosa terrena e quindi, preferisco passare oltre il negativo, focalizzando, sempre, l'attenzione sul positivo, cercando, per quanto possibile, di migliorare ciò che in me è migliorabile…sicuramente tanto, tanto ancora!

RIEPILOGO DEL CAPITOLO 1:

- SEGRETO n. 1: il valore di un sorriso che riscalda il cuore e abbatte ogni barriera.
- SEGRETO n. 2: l'atteggiamento positivo è l'elemento fondamentale nella soluzione dei problemi.
- SEGRETO n. 3: impariamo a conoscerci, scoprendo i nostri talenti, e ad amarci migliorandoci.
- SEGRETO n. 4: capire chi ero, chi sono e chi sarò.
- SEGRETO n. 5: le esperienze, anche le più difficili, aiutano a farci crescere.

Capitolo 2:
Come valorizzare famiglia-scuola-lavoro

La famiglia

I pilastri, fondamentali, nella vita di una persona sono, principalmente, tre: la famiglia, la scuola ed il lavoro. Queste tre variabili si intersecano e si completano in un gioco di attrazione e repulsione continua. Attrazione perché, inevitabilmente, si susseguono nella vita di ognuno di noi e quando riescono ad avere continuità, complementarietà e consequenzialità, diventano, insieme, il giusto completamento della persona. Aiutano nella crescita e nella maturità di ogni aspetto della vita umana e, spesso, sortiscono effetti incredibilmente unici!

SEGRETO n. 1: famiglia-scuola-lavoro…la loro complementarietà e continuità è fondamentale.

Unici perché ogni essere umano è unico e insostituibile! Spesso, facciamo l'errore di voler *"essere scelti"* dagli amici, dai parenti, dai colleghi, dai fidanzati e quindi ci omologhiamo per essere più simili agli altri ed evitare di essere *"scartati"*. Ed, invece, no. Dobbiamo imparare ad essere unici ed insostituibili, perché dobbiamo essere scelti per la nostra unicità, particolarità ed insostituibilità! Un gioiello è tanto più prezioso quanto più è raro...al pari, l'essere umano è tanto più importante ed indispensabile, quanto più è differente dalla massa, lontano dall'omologazione.

SEGRETO n. 2: siamo tutti unici e insostituibili.

Essere scelti ed, ovviamente, scegliere. Nessuno deve subire passivamente le decisioni altrui. I rapporti sono il risultato di scelte reciproche, attivamente costruite e non passivamente accettate. Io scelgo te e tu scegli me ed, insieme, decidiamo di crescere, migliorarci, viverci e godere di questa meravigliosa esperienza che è appunto *"la vita!"*.

Così scegliamo i parenti con i quali essere più vicini, gli amici, i colleghi, tutte quelle persone con le quali vogliamo trascorrere il bene più prezioso che abbiamo: "il nostro tempo!". E tutti loro devono "ricambiare" la nostra scelta per quello che siamo e non per quello che vorrebbero noi fossimo.

L'unicità dipende proprio dalle innumerevoli intersecazioni che queste tre variabili hanno su ognuno di noi. Gli effetti cambiano da situazione a situazione, da soggetto a soggetto, da momento a momento...da emozione ad emozione!

La famiglia rappresenta il nostro nido, dove, pian piano, da bruco ci trasformiamo in farfalla. La famiglia di origine, influenza, notevolmente, la nostra vita. I genitori sono il nostro primo esempio. Ci accolgono e ci avvolgono nel loro amore talvolta soffocante, ma pur sempre immenso!

Ovviamente, con le dovute eccezioni che, inevitabilmente, possono esserci, i genitori sono coloro che più di ogni altro, condizionano le nostre scelte e plasmano gran parte del nostro carattere. Infatti, da adulti, cerchiamo, sempre, qualcuno che somigli a nostro padre o a nostra madre oppure che sia esattamente il contrario a seconda che il nostro rapporto con loro sia stato felice e sereno oppure infelice e tormentato.

Non a caso le prime pagine di questo libro si aprono con un ricordo lontano, ma preciso legato fortemente al rapporto con mio papà. Proprio così, una figura predominante la sua, una roccia, una fortezza, una sicurezza continua e, nello stesso tempo, un uomo austero, che incuteva timore, che monopolizzava qualsiasi situazione e che dava poco spazio alla volontà altrui. Le sue parole erano dei *"dictat"* e nessuno aveva il coraggio di metterle in discussione, compresa mia mamma.

Non è stato mai facile rapportarsi con lui. Pochissimo dialogo, solo tante regole da seguire. Davvero complicato crescere con un padre così...poco margine di errore e nessuna possibilità di replica.

Ebbene, sembrerà strano, ma a distanza di anni, lo ammiro ogni giorno di più, lo ringrazio continuamente e mi manca immensamente! Proprio così, devo soprattutto a lui la mia forza, la mia integrità morale, i miei valori, il mio coraggio nell'affrontare le difficoltà della vita.

Sin da piccola mi spronava a crescere velocemente, mi parlava di tutto, comprese le difficoltà del lavoro, le sue fatiche per raggiungere una buona posizione, le sue origini umili, l'orgoglio per averci dato, comunque, una vita dignitosa e piena di soddisfazioni. Da figlia unica quale sono stata, non mi è mai mancato nulla, ma non sono mai stata viziata da nulla.

Conoscevo perfettamente tutti i sacrifici fatti dai miei per consentirci una vita serena e piena di agi e, quindi, sapevo bene che il lavoro è sacrificio e che solo con tanta fatica ed impegno si possono raggiungere traguardi importanti.

A sette anni assistevo papà nel suo lavoro, compilavo le prime fatture con una grafia infantile, ma dovevo farlo perché *"era giusto che imparassi presto a fare tutto e bene"*... questo mi ripeteva sempre.

A otto anni andavo in banca con lui e sentivo parlare di bot, btp, fondi, investimenti...paroloni incomprensibili per una bambina di quell'età, ma anche quello, piano piano, dovevo imparare a conoscere. Il paradosso ha voluto che, da grande, mi occupassi di finanza, qualcosa che avevo sempre odiato fin da bambina, ma che da adulta avevo iniziato ad amare con facilità perché quel mondo lo conoscevo proprio grazie a mio papà.

Se devo definire con una sola parola il rapporto con mio padre, non trovo termine più appropriato che *"rigore"*. Proprio così era tutto sottoposto al rigore più totale. La scuola, le amicizie, le uscite, le gite...tutto rigorosamente controllato e misurato. Una bella fatica per una bimba prima ed un'adolescente dopo, ma oggi posso, tranquillamente, dire che, quel rigore mi ha forgiata e mi ha reso la donna forte che sono diventata.

Certo, avrei preferito un po' di flessibilità, un po' di dialogo, un po' di sana superficialità, ma non avrei mai potuto rinunciare a quella colonna portante della mia vita, a quella roccia impenetrabile che mi ha sempre sostenuta, a quella voce forte e sicura che difronte all'evidenziare un mio problema mi rispondeva lapidario: *"non esistono problemi, ma solo soluzioni"*.

Ed è proprio questa la chiave di svolta che ci aiuta ad affrontare le tante difficoltà della vita...focalizzare l'attenzione sulle soluzioni e non sui problemi. In fondo, la soluzione ai vari problemi è dentro di noi. Se abbiamo la cattiva abitudine di lamentarci difronte a tutto, ci lamenteremo sempre di più, mentre se ci sforziamo di essere positivi e ci convinciamo che a tutto ci può essere una soluzione, ci concentreremo su quest'ultima e metteremo da parte i pensieri inutili e negativi. E' fondamentale avere un atteggiamento positivo difronte agli alti e bassi della vita perché la vera forza per reagire difronte alle avversità è dentro di noi... basta solo cercarla e, infine, trovarla.

Per esempio, difronte ad un grave lutto, come reagiremmo? Sicuramente il dolore per la perdita di una persona a noi cara ci porterebbe a sprofondare in un grande dolore e faremmo fatica ad uscire indenni da apatia e senso di impotenza. Ebbene, anche difronte a questo evento, è possibile, trovare quella forza necessaria, che è dentro di noi, per reagire, focalizzando, per esempio, l'attenzione su quello che di positivo ci ha trasmesso il rapporto che abbiamo avuto con quella persona che non c'è più.

Sulla fortuna che abbiamo avuto per averla conosciuta, per aver trascorso dei bei momenti con lei. Cercare di ricordare tutto il bello di quel rapporto, convincendoci che, nel ciclo normale della vita, si nasce, si cresce e si muore sempre in un orizzonte di infinito, di immenso, di ultraterreno, quel concetto del *"senza fine"* che ci proietta in una prospettiva diversa e nuova, ma mai fine a se stessa.

Supporto fondamentale in queste situazioni così complesse sono gli amici. Il loro sostegno, le loro esperienze passate, sono di grande aiuto per farci capire che anche il dolore più grande può trovare conforto su una spalla amica! Un'altra situazione complicata da affrontare e, purtroppo molto frequente al giorno d'oggi, potrebbe essere la perdita del lavoro, oppure l'impossibilità a trovarne uno.

Ebbene, logorarci non ci porterebbe a nulla, anzi, ci condurrebbe solo all'inattività ed al fallimento. Il segreto è concentrarsi sulle nostre capacità, sulle nostre qualità, sui nostri punti di forza. Convincerci che abbiamo bisogno solo di farci conoscere, mostrando il meglio di noi. Troveremo molte porte chiuse, ma qualche spiraglio ci sarà sempre e se non è sin da subito quello che cerchiamo, comunque sarà un inizio che ci aiuterà a farci andare avanti fino a trovare un'alternativa migliore.

Porre più attenzione sui nostri pregi e sulle nostre qualità e meno sui nostri difetti e debolezze. Qualsiasi persona che incontriamo potrebbe essere una soluzione alla nostra ricerca di lavoro, quindi impariamo a parlare di noi, impariamo a chiedere ed a capire in che modo le nostre conoscenze possono veicolarci verso una soluzione…provare sempre…arrendersi mai!

SEGRETO n. 3: porre attenzione alle soluzioni e non solo ai problemi i quali vanno sezionati e ridimensionati.

Potremmo fare ancora un altro esempio di situazione complessa da affrontare: un divorzio. Ebbene, qui le variabili sono davvero tante così come le problematiche da affrontare…noi, l'altro, i figli, i genitori, i parenti, gli amici…a guardali tutti insieme, fanno paura, sembrerebbe un abisso, ma se impariamo a sezionarli e ad affrontarli uno per volta, tutto può diventare meno complicato. Detto fra noi, qui sfondo una "porta aperta" perché ci sono passata personalmente, e credo di esserne uscita nel migliore dei modi, perlomeno limitando i danni.

Ero sposata con un brav'uomo, ma troppo diverso da me. Matrimonio fatto per andar via di casa il prima possibile, per fuggire dal predominio di mio padre, predominio che, paradossalmente, mi è mancato subito dopo e che ho ricercato quasi immediatamente. Una gravidanza improvvisa, tanti successi sul lavoro, ma un matrimonio infelice, diverse le aspettative, gli obiettivi, le ambizioni.

Ebbene, bisognava uscire da questo *"impasse"*, ma come affrontare tutto? Come fare con una bimba di sei anni? Come dirlo a mio padre? Tanti come e poche soluzioni. Ecco, decido di iniziare ad affrontare una cosa per volta. Inizio a far capire a mio marito che andare avanti per inerzia avrebbe fatto solo tanto male a noi e soprattutto alla bambina. Creo i primi distacchi, concedo del tempo per accettare l'idea. Inizio a far capire ai miei che quello non era un bel matrimonio e che avrebbe portato solo tanta infelicità a me, a lui alla bambina ed a loro.

Abituo la piccolina all'assenza del papà, facendole capire che lei non avrebbe mai perso i genitori, ma solo che li avrebbe avuti in momenti diversi e con modalità diverse, ma comunque sempre con sé. Affronto tutto con forza, razionalità, trasferendo coraggio a tutti, concentrandomi e, facendo concentrare tutti sul fatto che, si poteva essere più felici separati che non uniti sotto lo stesso tetto. Parlo tanto con tutti e ascolto tutti.

Dove ho trovato tutta questa forza? Io personalmente mi sono tuffata nel lavoro ed è stato meraviglioso! Mi ha aiutata tantissimo, raggiungevo obiettivi e successi continui e mi convincevo di potercela fare ogni giorno di più. Mi confidavo con alcuni colleghi, ricevendo consigli e sostegni preziosi. Infatti, per chi non ha il rifugio del lavoro, può affidarsi agli amici, ed ai parenti più stretti, poiché il loro sostegno è fondamentale.

Ascoltare ed essere ascoltati è una terapia indiscutibile. Pian piano tutto si schiarisce e diventa più chiaro. Un passo alla volta, ci porta alla luce in fondo al tunnel. Il mio tunnel era lungo, ma io ce l'ho fatta e quindi, con tanta forza e pazienza, può farcela chiunque sia coloro che decidono di separarsi, che coloro, invece, che la separazione la subiscono.

La scuola

Elemento importante ed imprescindibile nella crescita di una persona, ma, spesso, la collaborazione scuola-famiglia non funziona come dovrebbe, motivo per cui, oggi, tanti sono i disagi che incontrano i nostri figli. La scuola non è il "parcheggio" temporaneo dove lasciamo i ragazzi mentre siamo alle prese con i nostri mille impegni quotidiani.

La scuola deve rappresentare il luogo necessario dove si concretizzano conoscenze ed esperienze che diverranno le fondamenta della nostra vita. La normale prosecuzione dei sani valori trasmessi in famiglia. Purtroppo, oggi, la scuola e il suo valore sono stati messi fortemente in discussione. Gli insegnanti sono alle prese con atti di violenza e maleducazione che sovrastano il limite della decenza. Non c'è più il rispetto dei ruoli, dei compiti e delle funzioni. Tutto questo a discapito delle generazioni presenti e future.

Sembrano lontani anni luce i tempi nei quali il rimprovero di un insegnante era monito per migliorare e veniva supportato dal genitore che accettava di buon grado lo sforzo che la scuola faceva per migliorare i rendimenti e la condotta dei ragazzi. Oggi è tutta un'altra storia: atti di bullismo contro i propri coetanei ed i propri insegnanti che non vengono assolutamente puniti.

Genitori che anziché punire i propri figli di fronte a dei comportamenti indegni, rimproverano e minacciano gli insegnanti.
E tutto questo porta, inevitabilmente, ad un declino inarrestabile della società. Erroneamente si pensa che "atto di forza" sia sinonimo di autostima e autorevolezza...non c'è concetto più sbagliato!

Se la famiglia e la scuola non riescono a trasferire il principio secondo il quale il ragazzo deve crescere all'insegna dell'educazione, della civiltà, dell'onestà, del rispetto e della conquista meritata, il fallimento della nostra società è garantito.

Il principio del "bastone e della carota" non è solo un retaggio storico. I nostri figli devono sapere sin da piccoli che gli errori, soprattutto quelli voluti, devono essere puniti ed i buoni propositi e le buone azioni vanno premiati anche solo con una carezza ed un sorriso. Affiorano innumerevoli i miei ricordi della scuola elementare, media e superiore. Tutti presso l'Istituto delle suore salesiane.

Il paradosso ha voluto che, mentre da bambina ho dovuto accettare, mio malgrado, di andare a scuola in un istituto salesiano, per il liceo ho optato volontariamente per continuare lì, nonostante fossi stata lasciata libera di decidere diversamente. Strananente tutto quel rigore che per anni avevo mal tollerato, da adolescente, lo cercavo e quasi pensavo di non poterne fare più a meno.

Mi sentivo protetta in quel luogo, percepivo la bontà delle azioni dei miei insegnanti ed avevo capito che quel rigore poteva aiutarmi a rafforzare le mie idee, le mie convinzioni, i miei valori...la mia autostima! Sicuramente, tante cose non le approvo come le punizioni esagerate, i rimproveri inopportuni, la solidarietà di mamma e papà con gli insegnanti, di fronte ai miei insuccessi.

Sono tante le cose che ricordo piacevolmente come le confidenze avute con alcune insegnanti, i moniti a fare meglio e di più perché venivano riconosciute le mie capacità, essere considerata già da allora capace di affrontare una platea per una recita o una presentazione, la gioia degli applausi ricevuti e la soddisfazione dei miei genitori di fronte ai miei successi.

Penso proprio che la mia esperienza rappresenti il giusto connubio scuola-famiglia. A scuola ritrovavo gli stessi valori ricevuti a casa e, quindi, non correvo il rischio di andare in confusione oppure mettere in discussione ciò che mi avevano detto in famiglia o a scuola, perché l'una confermava l'altra.

Un elemento importante nella crescita della propria autostima consiste nella capacità di saper gestire i "NO". Ebbene, con una famiglia salda e coerente alle spalle, ed una scuola con principi sani ed inequivocabili, di "NO" bisogna gestirne davvero tanti! Forse questo è proprio uno dei segreti della mia forza e di quella che vorrei trasferire a chiunque legge questo mio libro. La vita è spesso complicata ed irta di ostacoli. Se fin da piccoli non siamo stati abituati a sentirci negare qualcosa oppure a subire dei rimproveri per delle cose non fatte bene, da adulti, avremo molte più difficoltà ad affrontare, con forza, gli ostacoli ed i problemi che, inevitabilmente, incontreremo.

Il "NO" spesso può essere motivo di crescita, di cambiamento, di miglioramento. Impariamo a vederlo come un nuovo "SI", il mio "SI" a fare sempre meglio, a raggiungere più traguardi, a non arrendermi mai…a vincere sulle sconfitte!

SEGRETO n. 4: imparare a gestire i "NO" e dare valore all'ascolto.

A scuola bisogna imparare ad esprimere il nostro vero talento e la nostra creatività, ma senza soggiogare gli altri e senza soccombere agli altri. Ognuno ha da imparare qualcosa da tutti e tutti hanno da imparare qualcosa da ognuno di noi. Partendo da questi principi basilari, sarà facile apprezzare gli anni della scolarizzazione, anni nei quali dovremo imparare a vivere il presente intensamente, mettendo da parte il passato che ci procura sofferenza per cose non fatte o fatte male. Prepararci con forza al futuro senza viverlo come un assillo e quindi con ansia, ma come normale proiezione del nostro essere vivi ed attivi, artefici del nostro destino.

La scuola ci sprona a porci degli obiettivi, non a caso superiamo interrogazioni, compiti in classe, verifiche, esami. Dobbiamo quindi, studiare, prepararci con dedizione, organizzare il nostro tempo e i nostri hobby, per sostenere, al meglio, tutto ciò, perché solo così, saremo pronti ed allenati quando la vita di tutti i giorni ci chiederà dei sacrifici per raggiungere scopi ed obiettivi sempre più ambiziosi.

Sfruttiamo al massimo la nostra *"palestra di vita"*. Si, la scuola è la nostra palestra, dove ci alleniamo costantemente per essere forti e temprati, proiettati verso un futuro di successi. Non viviamola passivamente, le nostre conquiste iniziano proprio sui banchi di scuola. I nostri primi insuccessi, i nostri primi successi li viviamo dapprima nella nostra classe e poi nella *"classe della vita"*. Il senso di responsabilità lo sviluppiamo proprio nella scuola.

Se non siamo abituati fin da piccoli a portare avanti i nostri compiti, a studiare, ad imparare, ad essere giudicati e spronati a fare sempre meglio, come potremo imparare tutto questo da adulti? Chi ci trasferirà il senso del dovere che ci porterà a raggiungere mete sempre più ambiziose? Diamo il giusto valore alla scuola. Quest'ultima non è solo un dovere anagrafico. È la nostra vita, o meglio il nostro trampolino di lancio.

Seguiamo i figli nei loro anni scolastici, interessiamoci ai loro piccoli e grandi problemi, collaboriamo con gli insegnanti, costruiamo insieme un futuro migliore! Un'opera musicale viene maggiormente apprezzata, quanto più i vari strumenti sono coordinati e accordati tra loro. Così, l'essere umano, viene riconosciuto ed apprezzato, quanto più, tutti gli elementi della sua persona, sono coordinati tra loro, quanto più i soggetti interessati al suo sviluppo personale e fisico sono riusciti ad amalgamarsi e ad uniformarsi in un'unica sinfonia di valori e conoscenze.

Una delle ricchezze più vere e durature, che un genitore può trasferire ad un figlio, è la cultura. Nessuno potrà mai portargliela via, mai metterla in discussione, o non riconoscere l'enorme bagaglio che lo studio, fatto con amore e dedizione, dona ad ognuno. La conoscenza è alla base delle nostre sicurezze. Ci sentiamo sicuri di noi quanto più abbiamo consapevolezza di ciò che accade o di ciò che ci viene chiesto.

Non a caso, prima di imparare a parlare, impariamo ad ascoltare. Ecco, il segreto per ampliare sempre di più le nostre conoscenze: l'ascolto. Ascoltare i genitori, gli insegnanti, gli amici, i conoscenti, i colleghi, significa crescere. Nel bene e nel male tutti ci insegnano qualcosa, magari a non essere come loro, oppure ad imparare dagli errori altrui o dagli insegnamenti altrui.

"Ascoltiamo" i libri che leggiamo, le lezioni che ci impartiscono. Impariamo ad ascoltare noi stessi, il nostro cuore, le nostre emozioni...ognuno di loro ha qualcosa da dirci.

Il lavoro

Ecco il terzo elemento, importante, di crescita. Lavoro inteso non solo come quello svolto fuori casa e quindi nella nostra azienda, presso un'azienda pubblica, un datore di lavoro privato, ma anche quello svolto in casa, nella nostra famiglia, per e tra i nostri cari.

Il lavoro è la "prova del nove" delle nostre conoscenze, delle nostre competenze e dei nostri valori. Tutti gli sforzi che facciamo durante i nostri anni di vita, hanno come scopo quello di preparaci al mondo del lavoro, un mondo difficile, complesso, ma, anche, colmo di soddisfazioni, laddove riusciamo a mettere a frutto le nostre conoscenze, competenze e qualità.

Cercare di dare il meglio di noi in ciò che facciamo non vuol dire ambire alla perfezione a tutti i costi, ma semplicemente, porci degli obiettivi raggiungibili, realistici e soprattutto non rigidi. Obiettivi specifici, misurabili, adeguati, reali, così da essere valutabili in un determinato lasso di tempo. Obiettivi rapportati a noi stessi ed alle nostre ambizioni e qualità.

Un aspetto importante, nel nostro inserimento nel mondo del lavoro, è quello di essere capaci di aprirsi sempre al "nuovo" senza emettere giudizi affrettati e inutili su ciò che ci circonda. Una regola fondamentale è quella di non avere sempre certezze perché queste ultime spengono l'entusiasmo, la voglia di imparare, la voglia di crescere e quindi di migliorare.

Le convinzioni si possono, tranquillamente, modificare, senza essere necessariamente severi con noi stessi pensando di aver sbagliato tutto. Se impariamo a conoscere meglio noi stessi, potremo individuare i nostri elementi distintivi e puntare su quelli, proiettandoci e rapportandoci positivamente agli altri.

Conoscere bene noi stessi, significa capire le molteplici potenzialità della nostra mente. Arrivare a fare ciò che pensavamo fosse impossibile, solo perché noi avevamo limitato il nostro cervello a pensare in piccolo e non in grande come si dovrebbe sempre fare. Ampliare i nostri orizzonti significa raggiungere mete che pensavamo impossibili. Ed ecco che, ancora una volta, penso che portare ad esempio la mia esperienza, possa aiutare a comprendere meglio ciò che ho appena evidenziato.

I miei studi giuridici mi dovevano portare da tutt'altra parte rispetto a quello che poi, in realtà, ho fatto nella mia vita. Desideravo diventare notaio ed, invece, mi sono ritrovata a lavorare in banca. Pensavo di essere timida e di non riuscire a rapportarmi con facilità agli altri ed invece mi sono riscoperta socievole, spigliata, e confidente tanto da entrare nelle case della gente e diventare, quasi, un membro della famiglia.

Credevo di odiare i numeri e la finanza ed, invece, per anni, sono stati la mia vita. Avevo, limitato i miei orizzonti e le mie potenzialità credendo semplicemente di non essere capace. Ho scoperto un mondo bellissimo quello cioè della collaborazione e della sana competizione con gli uomini. Proprio così, pensavo che fosse impossibile lavorare serenamente con loro ed invece è stato meraviglioso e stimolante. Ho così imparato che davvero "volere è potere".

SEGRETO n. 5: volere è potere.

Sono stati anni stupendi, pieni di scoperte e successi. Tante le ansie e le paure, ma altrettante sono state le gioie e le soddisfazioni. La nostra mente è un mondo complesso e difficile da comprendere, ma è piena di risorse e scoperte. Se solo ci impegniamo, possiamo raggiungere l'irraggiungibile!

Mai, nella mia vita, avrei potuto immaginare che quella bambina timida ed introversa, avrebbe potuto affrontare situazioni così complesse, persone così diverse, e mondi opposti e paralleli come quelli che il settore finanziario ti porta a conoscere, ad esplorare ed, infine, ad amare. Eppure così è stato. Sono entrata, a piccoli passi, in un terreno complicato, spronata da quel consulente che, avendo visto in me alcune qualità, mi ha trascinata in un settore a me noto, ma come cliente fruitrice di servizi bancari, non come consulente che, invece, quei servizi doveva studiarli, esaminarli, capire se adeguati alle varie esigenze ed, infine, proporli.

Ovviamente, ho dovuto studiare tanto, partecipare ad innumerevoli corsi, fare anche un master di *financial planning* ed, infine, ho acquisito quelle capacità e competenze che mi hanno fatto raggiungere mete ambiziose, obiettivi impensabili.

Mi sono occupata oltre che di consulenza finanziaria, anche di formazione, di selezione e reclutamento, ho avuto incarichi manageriali, sono stata membro di commissione per l'esame di iscrizione all'albo dei promotori finanziari…insomma, questo mondo l'ho esplorato quasi tutto e ne sono fiera oltre che orgogliosa.

Per anni sono stata un riferimento importante per molti clienti e questo mi incuteva timore, ma allo stesso tempo, tanto orgoglio. Acquisire la fiducia, totale, di chi si rivolge a te per la soluzione di situazioni finanziarie è un'esperienza unica, indescrivibile.

Sono solita dire che la gente, dopo la salute e la famiglia, l'altro elemento a cui dà molta rilevanza è il risparmio, l'investimento mobiliare ed immobiliare.

Ebbene, subito dopo la salute e la famiglia c'ero io a supportarli, aiutarli, consigliarli, venir loro incontro di fronte alle varie problematiche della vita. Ero la prima a sapere di eventi importanti, felici ed infelici, che coinvolgevano i vari miei clienti.

Se c'era un lutto, un matrimonio, una separazione, una nascita, il proprio consulente doveva saperlo, così da trovare le soluzioni più opportune. Ed ecco che io c'ero sempre, e questo era meravigliosamente impegnativo e totalmente appagante.

La frase che ricordo con orgoglio era: *"cosa ne pensa Dottoressa, cosa ci consiglia?"* Quanta responsabilità in quelle risposte, quanta ansia, quanto studio, quanta analisi, ma quanta soddisfazione nel vedere la totale fiducia che riponevano in me, nelle mie competenze, nella mia professionalità, nella mia umanità. Sì, perché, ponevo sempre molta attenzione all'ascolto delle loro esigenze, dei loro timori, obiettivi, pensieri e del loro cuore.

Anche se avevo a che fare con i numeri, quindi con qualcosa di freddo, di calcolato, di matematico, io ho sempre agito con la testa e con il cuore e questo i miei clienti lo percepivano.

La mia prima operazione rimarrà indelebile nel mio cuore e nella mia testa. Dei cari amici di mio papà sono stati il mio trampolino di lancio e mai potrò dimenticarlo. Nella vita è importante che qualcuno creda in te, che ti dia la forza di lanciarti, che ti faccia credere nelle tue capacità. E io, sono stata fortunata perché ho trovato loro davanti al mio cammino irto di ostacoli, ma pieno di soddisfazioni.

Decisi di focalizzare l'attenzione solo sulla mia forza, cercai di dimenticare ogni mio limite, mi convinsi che potevo farcela e da quel momento è stata una corsa continua, un superamento di ostacoli avvincenti, un raggiungimento di obiettivi meravigliosi, una competizione sana e costruttiva con tutti i miei colleghi. *"Volere è potere"*… proprio così se vuoi, allora puoi!

Anni meravigliosi, dapprima nella Ing Bank, poi in Unicredit, Fineco…Quanti sorrisi, quante lacrime…quanti crolli e quanti rialzi dei mercati e dei nostri umori…quante belle persone conosciute e quante un po' meno belle... quanti colleghi e collaboratori, uno tra tanti, indimenticabile!

Ancora oggi, dopo che già, da qualche anno, ho lasciato questo lavoro, continuo ad avere contatti con alcuni ex clienti ed ex colleghi e la stima che loro hanno nei miei confronti oltre che essere reciproca è il segno tangibile di un lavoro fatto bene. Fatto di testa e di cuore, di sacrifici e di rinunce, di motivazione e di entusiasmo, di azione, perché è quest'ultima che ci rende unici: *"agire sempre, arrendersi mai!"*.

RIEPILOGO DEL CAPITOLO 2:

- SEGRETO n. 1: famiglia-scuola-lavoro… la loro complementarietà e continuità è fondamentale.
- SEGRETO n. 2: siamo tutti unici e insostituibili.
- SEGRETO n. 3: porre attenzione alle soluzioni e non solo ai problemi i quali vanno sezionati e ridimensionati.
- SEGRETO n. 4: imparare a gestire i "NO" e dare valore all'ascolto.
- SEGRETO n. 5: volere è potere.

Capitolo 3:
Perché apprezzare il mondo femminile

Gli uomini

Sicuramente paradossale che un capitolo dedicato al mondo della donna, si apra con un sotto capitolo dedicato, invece, agli uomini. Ebbene sì, anche questo ha un senso. Il rapporto che noi donne abbiamo con gli uomini la dice lunga sulla nostra autostima e consapevolezza dei nostri pregi e dei nostri difetti.

Gli uomini con i quali impattiamo nel corso della nostra vita, influenzano molto la nostra testa ed il nostro cuore, questo è indiscutibile. Il nostro "primo uomo" è sicuramente il papà e senza voler essere ripetitiva, da lui molto dipende.

Non mancheranno mai i continui confronti che faremo tra lui e tutti gli altri uomini che incontreremo sul nostro cammino. Per taluni aspetti, li desidereremmo simili a lui e per altri, molto diversi. Ma resta pur sempre il nostro termine di paragone sia in positivo che in negativo.

Da qui, si innescano tutta una serie di meccanismi di difesa, di controllo, di bisogni, di necessità, di fuga e di ritorni. Dall'uomo forte, vogliamo difenderci, ma, nel contempo, ne abbiamo bisogno. Dell'uomo debole vogliamo il controllo, ma allo stesso tempo desidereremmo il suo di controllo. Dall'uomo complesso vogliamo fuggire, ma, spesso, ritorniamo sui nostri passi perché quella complessità, in fondo, ci attrae.

Mi piace l'idea di immaginare la donna al centro dell'universo e le diverse figure e tipologie di uomini attorno a lei. È fantastico analizzare la sua capacità o incapacità di muoversi di fronte alle mille sfaccettature che la figura maschile possiede. Ogni donna ha un approccio diverso, assume atteggiamenti e comportamenti diversi e subisce conseguenze altrettanto diverse.

Forza e debolezza, intelligenza e stupidità, maturità ed immaturità, cuore e cervello, sensibilità ed insensibilità, razionalità ed irrazionalità…potremmo continuare all'infinito! Quanta varietà e complessità nell'essere umano che, spesso, in un'unica persona, fanno convivere più aspetti simili, ma allo stesso tempo diversi.

Quando abbiamo l'impressione di aver capito l'uomo che abbiamo di fronte, ecco che, lui fa o dice qualcosa di inaspettato che mette in dubbio quello che pensavamo di aver capito. Proprio così, se la donna ha la nomea di essere complessa, l'uomo non lo è sicuramente di meno.

Ed ecco stupirci di fronte ai suoi sbalzi di umore, cambi di programmi, ed inversione di rotte. Non stupiamoci più. Gli uomini sono così come noi donne, hanno bisogno di certezze continue, di approvazioni costanti, di successi consolidati. Anche l'uomo ha bisogno di trovare la sua vera identità e magari ha bisogno del nostro aiuto, ma lui non lo sa o meglio non lo vuole sapere.

Analizzandolo così, l'universo maschile, appare, sicuramente, meno incomprensibile di quanto non lo sia davvero. Gli *"uomini satelliti"* che ci circondano hanno alle loro spalle tante storie diverse, esperienze ed esempi diversi e reagiscono in modo altrettanto diverso di fronte alla complessità dell'universo femminile. Ecco, che la donna riesce ad avere quel ruolo fondamentale, che è già innato in lei, in quanto predestinata ad essere madre e quindi guida ed esempio di vita per i propri figli, e quindi, anche per gli uomini.

Chi meglio di una donna può capire le sensazioni di un uomo? Lei che porta in grembo suo figlio e ne condivide battito e respiro. Spesso lo spirito materno, se ben misurato, può *"aiutarci ad aiutare"*. Quella stessa capacità di essere madre, può aiutarci a capire l'uomo che abbiamo di fronte e le sue esigenze.

Dal canto suo, l'universo maschile ci arricchisce molto. Penetrare nel loro mondo, conoscerne le diverse sfaccettature, porta noi donne ad essere più complete, più flessibili e versatili. Sezionare, i loro diversi aspetti, rende più facile la comprensione e più gestibile il rapporto.

L'uomo ha le paure, i timori, i dubbi, i desideri, i sogni tipici di qualsiasi essere umano. È tanto diverso da noi donne, quanto invece può essere simile. Nella sua diversità, possiamo trovare momenti di crescita per noi donne, e nel suo essere uguale a noi, possiamo scoprire quei pregi e difetti che, diversamente, non sarebbe facile riscontrare.

SEGRETO n. 1: gli uomini-le donne-tra le donne...universi diversi e uguali.

Doveroso un accenno alla mia storia con il mondo maschile. Beh, anche qui non ho lesinato in esperienza, avendo lavorato per anni in un mondo fatto per il 90% di uomini. In banca, si sa, il monopolio lo hanno ancora loro ed io quel monopolio un po' volevo scalfirlo. Volevo dimostrare che le donne sanno fare di più e forse anche meglio. Che una collega capace di raggiungere obbiettivi importanti non lede la loro mascolinità, ma può rafforzarla e, forse, migliorarla.

Dopo un primo impatto, piuttosto dubbioso e prevenuto, sono riuscita ad entrare in quell'universo diverso, ma interessante. Ho scoperto che *"l'uomo amico"* può esistere, che il collega può spronarti e stimolarti a fare meglio e, soprattutto, che anche io, donna, potevo essere d'aiuto a loro, uomini.

Ben presto, arrivare in ufficio e trovare tante "cravatte" ad accogliermi era diventato un piacere e non più una sofferenza. Abbiamo compreso che dietro un lavoro, fatto con impegno e costanza, ci può essere un uomo, e perché no, anche una donna.

Abbiamo scoperto che se per taluni aspetti sono facilitati gli uomini, per altri lo siamo noi donne e viceversa. Quindi, nessun confronto malato, ma solo tanta sana competizione.

Non posso descrivere la gioia dei *contest* vinti grazie anche all'aiuto reciproco. Laddove un collega aveva bisogno di un sostegno, lo riceveva immediatamente e lo stesso accadeva a me, quando, di quel sostegno, ne avevo necessità io. Quante confidenze, quanti consigli dati e ricevuti, quante risate e quanti patemi tutti vissuti insieme!

Ho imparato tanto dagli uomini e sono convinta che loro abbiano imparato molto anche da me. Confrontarsi con un uomo, spesso, non ha l'ostacolo della competizione tipica tra donne, spesso ti aiuta a comprendere quel mondo non tuo, quegli atteggiamenti strani che solo un altro uomo può spiegarti. Ascoltare le loro confidenze e, magari, dare loro dei consigli rispetto al mondo femminile è davvero entusiasmante e appagante.

Ancora oggi, a distanza di anni, mi sento con alcuni ex colleghi e ritrovare la loro stima incondizionata, ripercorrere i ricordi, e ricevere i loro complimenti in merito alla mia professionalità, correttezza, competenza e "classe" come spesso dicono loro, è una gioia indescrivibile!

L'uomo non è quell'essere sconosciuto ed imperscrutabile che, talvolta, pensiamo che sia. Nel suo mondo, è possibile addentrarsi e, scrutandolo con attenzione, si può scoprire un universo fatto di mille sfaccettature. Un mondo che è giusto conoscere perché, così, può essere più semplice affrontare e risolvere situazioni più o meno complesse.

SEGRETO n. 2: il mondo maschile è comprensibile ai nostri occhi e al nostro cuore…basta solo volerlo.

Ed a proposito di situazioni complesse, è doveroso approfondire una problematica attuale e molto diffusa: la violenza sulle donne. Ogni giorno, purtroppo, ascoltiamo notizie drammatiche di donne violentate, stuprate e uccise. Il femminicidio è diventato davvero una piaga sociale. Quell'uomo che deve proteggerci, amarci, ed aiutarci, a volte, si trasforma in un orco, capace delle peggiori nefandezze.

E' fondamentale capire che tutte le notizie drammatiche che, talvolta, ascoltiamo in tv o leggiamo sui giornali, non possono accadere solo alle altre donne, ma anche a noi. Motivo per il quale è importante sforzarci di capire, analizzare, riflettere, razionalizzare.

Il cuore non sempre è un bravo consigliere perché può trarci in inganno ed oscurare la nostra vista, impedendoci di vedere il cattivo che abbiamo di fronte. La ragione, in alcuni momenti, deve essere più forte e deve aiutarci a vedere ciò che non vorremmo vedere, ma che esiste e va affrontato. Chi ci ama non ci ferisce, non ci fa soffrire…chi ci ama non ci uccide!

Nei momenti complicati e difficili, non dobbiamo permettere a nessuno di abbattere la nostra autostima, anzi, dobbiamo esaltarla, amplificarla. È lei che deve darci la forza di affrontare e sconfiggere il male. Credo sia davvero necessario dare dei suggerimenti pratici e chiari su cosa fare, e come comportarsi di fronte ad una situazione simile, pur non avendo vissuto, fortunatamente, in prima persona esperienze così drammatiche.

Consiglio n. 1) non negare l'evidenza: se l'uomo che abbiamo di fronte ci ferisce, accettiamo il fatto che, probabilmente, non è l'uomo per noi.

Consiglio n. 2) non chiudiamoci in noi stesse: confidiamoci con una persona amica, con la nostra famiglia, con chiunque ci possa aiutare e consigliare.

Consiglio n. 3) denunciamo: non dobbiamo aver paura di farci aiutare dagli organi e dalle forze competenti.

Consiglio n. 4) dopo aver messo in salvo noi stesse ed i nostri cari, facciamo in modo (laddove è possibile) che quell'uomo violento ed irrazionale, possa essere aiutato a non fare più del male a nessun'altra.

Consiglio n. 5) frequentiamo corsi di autodifesa personale: rafforzare il nostro fisico e la nostra mente può esserci di grande aiuto.

Sono consigli molto pratici, ma è ciò che serve in momenti di grande difficoltà. Non dobbiamo permettere a nessuno di abbatterci. La donna oltre che "cuore" sa essere anche "azione" e di fronte ad un uomo violento e cattivo dobbiamo agire, dapprima allontanandoci, mettendo in salvo noi e gli affetti più cari e, subito dopo, facendo in modo che quella situazione non ritorni più a metterci in pericolo.

Un'altra situazione spiacevole potrebbe essere quella di molestie e ricatti nell'ambiente di lavoro. Ebbene, anche qui, dobbiamo lanciare a mille la nostra autostima. Nessun posto di lavoro merita il sacrificio di un'umiliazione profonda quale può essere una molestia, soprattutto se perpetrata.

Nessun datore di lavoro, nessun collega, ha il diritto di umiliarci e ledere la nostra dignità. Anche qui i consigli sono molto pratici.

Consiglio n. 1) mettere al corrente qualcuno, nell'ambiente di lavoro, di cui ci si fida: può aiutarci, consigliarci ed essere testimone del malfatto.

Consiglio n. 2) affrontare, con chiarezza, il problema con il diretto interessato, in un posto sicuro e non solitario: potrebbe rinsavire, capire che con noi non può oltrepassare nessun limite.

Consiglio n. 3) essere disposti anche a lasciare quel posto di lavoro: nulla e nessuno merita il nostro sacrificio morale, fisico, intellettuale e soprattutto la nostra vita.

Consiglio n. 4) denunciare, denunciare, denunciare…non mi stancherò mai di dirlo!

SEGRETO n. 3: no alla violenza e alle molestie…bisogna denunciare!

Ovviamente, questi consigli possono servire in qualsiasi situazione di violenza o tentata violenza. L'uomo può essere il fidanzato, il marito, il genitore, il parente più o meno stretto, lo sconosciuto di turno. Di fronte all'imprevisto, infine, non dimentichiamo che è fondamentale mettere in salvo la nostra vita e, quindi, essere pronte a fuggire, a correre lontano da chiunque vuole o tenta di farci del male. La nostra vita e quella dei nostri cari è il bene più prezioso, non c'è rapporto, lavoro, o sentimento che tenga!

Le donne

Mi sembra interessante partire dal significato etimologico della parola: Donna. Dal latino: *domina* (femminile di *dominus*) ossia signora, padrona. Si tratta di una parola che è frutto di una precisa scelta di significato, infatti, guardando oltralpe ritroviamo il termine *"la femme"* francese e *"la mujer"* spagnola, sostantivi molto diversi dalla nostra "donna".

La femmina è sicuramente più sensuale, ma nella sua vocazione identitaria è anche più avvilente e superficiale; la mogliera dava un tempo grande dignità, ma nessuno spazio di libertà, identificando la donna, unicamente, nel suo ruolo rispetto all'uomo. Il termine "donna" invece ha tutt'altra dimensione.

Furono proprio gli stilnovisti a proporla ed a sondarla, imponendola nella nascente lingua italiana, in quanto, latinamente, "signora" così da essere una figura attiva e potente, più nobile e completa rispetto ai suo sinonimi affini. Sintetica così di un ruolo che passa dall'essere generativo, a famigliare ed, infine, ispiratore.

Paradossalmente, mentre l'etimologia della parola "uomo" rimanda al latino *"humus"* da cui il termine "umile", quella della donna, al contrario, esprime tutta l'importanza ed il potere che ebbe il matriarcato nelle antiche civiltà e nelle antiche culture del Mediterraneo. Doveroso ricordare alcune donne che hanno fatto la storia, capaci di lasciare un segno tangibile della loro grande forza. Donne uniche, in grado di influenzare intere generazioni.

Emmeline Pankhurst, per esempio, è la donna che ha fondato la *Women's Social and Political Union* e ha combattuto la battaglia più dura in Occidente per i diritti delle donne. Se oggi le donne godono di una certa libertà ed anche merito suo. Elisabetta I d'Inghilterra e d'Irlanda è considerata da molti la più grande regina che l'Inghilterra abbia mai avuto. È grazie a lei se, quest'ultima è diventata una potenza mondiale.

Jacqueline Kennedy, spesso si dice che dietro un grande uomo c'è sempre una grande donna, ecco, Jacqueline Kennedy è una delle first lady più stimate di sempre. Insieme al marito, ha stravolto regole e convenzioni dell'etichetta della presidenza americana.

Amelia Earhart è stata una pioniera del volo: la prima donna pilota ad attraversare l'Atlantico in solitaria, è in assoluto la prima persona ad aver sorvolato sia sull'Atlantico che sul Pacifico. Coco Chanel, ha fatto la storia della moda, rivoluzionando il concetto di stile ed eleganza, creando tutto dal nulla, semplicemente imparando a cucire in orfanotrofio dove era stata costretta a crescere.

Giovanna d'Arco, la Pulzella d'Orléans, è tuttora l'eroina francese per eccellenza. Riunì al proprio Paese parte del territorio caduto in mano agli inglesi, contribuendo a risollevarne le sorti durante la guerra dei cent'anni, guidando vittoriosamente le armate francesi contro quelle inglesi. Anna Frank, grazie ai suoi diari, questa coraggiosissima ragazzina ebrea, ha lasciato una testimonianza di valore storico inestimabile sull'operato del nazismo e della follia umana.

Rita Levi Montalcini, premio Nobel per la medicina nel 1986. Tra i tanti suoi meriti, anche quello dell'essere stata la prima donna ammessa alla Pontificia Accademia delle Scienze.

Valentina Tereskova, è stata la prima donna a viaggiare nello spazio, aprendo la strada a tutte le successive donne astronauta, e dando un esempio importante contro il pregiudizio di genere.

Madre Teresa di Calcutta, il suo lavoro, instancabile, tra le vittime di Calcutta, l'ha resa una delle persone più famose al mondo e le valse numerosi riconoscimenti, tra cui il Premio Nobel per la Pace nel 1979.

L'elenco potrebbe continuare all'infinito, perché tante sono le donne passate alla storia per le loro elevate qualità personali, professionali e morali.

Questo breve excursus non vuole, solo, essere un ricordo di stima e rispetto nei confronti di queste magnifiche rappresentanti del genere femminile, ma soprattutto, un chiaro ed inequivocabile messaggio di autostima ed autorevolezza che le donne sono in grado di avere e trasmettere.

La donna ha insita in sé la capacità di "centrare ed accentrare" ossia, di fissare un centro preciso e riuscire a portare, trascinare in quello stesso centro. Non a caso utilizzo la similitudine di un cerchio. Di questo cerchio, simbolico, la donna è sia la circonferenza perché abbraccia l'intero contenuto, che il centro da dove partono i vari raggi che dalla donna si diramano.

Non a caso, nella donna, si sviluppa quel miracolo unico e

immenso chiamato "vita". Nel e dal suo grembo cresce e nasce il "mondo intero". La donna ha la capacità di riunire, concentrare, distribuire, ma spesso, non è consapevole delle sue innumerevoli qualità e potenzialità.

Questo è uno dei grandi problemi della donna e non solo: l'inconsapevolezza dell'enorme potenziale che ognuno di noi ha dentro di sé e che può sviluppare, soltanto, scoprendolo e abbattendo quei limiti mentali che abbiamo, solo, nella nostra testa, ma che, in realtà, non esistono.

Proprio così, noi nasciamo potenzialmente illimitati, ma, purtroppo, veniamo educati in modo limitante. Nasciamo vincenti, ma ci convincono ad essere perdenti. Ognuno di noi deve riuscire a diventare chi è destinato ad essere, dando spazio all'immaginazione ed all'ascolto di sé stessi. In questo, l'essere un po' egoista, concentrandosi su di sé può fare la differenza. Un po' di sano egoismo può aiutarci ad ascoltare la nostra metà nascosta, quella combattiva, creativa, quella vincente!

Il concetto fondamentale attorno al quale si estrinseca il pilastro dell'autostima è quello secondo il quale tutto ciò che l'uomo può pensare, lo può realizzare, ossia: limiti illimitati. Quanta forza c'è in questa frase, quanta potenza inespressa. Noi possiamo tutto...noi siamo il tutto! Ecco la parola magica, quindi, per il nostro successo: "consapevolezza". Conoscerci e conoscere le nostre qualità e potenzialità, ci aiuta ad estrinsecarle, ci aiuta a metterle al servizio degli altri, ma soprattutto, ci aiuta a metterle al nostro servizio.

Ognuno di noi, ha un potenziale enorme, frutto di capacità innate, di conoscenze, di competenze, di esperienze. Dobbiamo, soltanto, scoprirlo e tirarlo fuori. Il nostro cervello nasce per essere programmato e noi dobbiamo essere, semplicemente, dei bravi programmatori. Dobbiamo fargli capire che lui è potenzialmente immenso, che può tutto ciò che vuole, che deve ambire a raggiungere vette elevatissime. Ecco che, tutto appare, così, più semplice ed appagante. Non c'è situazione che non possiamo affrontare, problema che non si possa risolvere, obiettivo che non si possa raggiungere, ostacolo che ci possa fermare.

La donna, inoltre, ha quella capacità innata di eleganza e *savoir-faire* che può rendere tutto più semplice se solo applica il giusto stile e la giusta moderazione che contraddistingue una donna di classe, forte e dinamica, rispetto a chi fa della mediocrità il proprio stile di vita.

"L'abito femminile" come, ironicamente, lo definisco io, ossia l'essere donna, se, spesso, può aiutare, altre volte può comunque creare problemi. Sappiamo bene che, spesso, la donna è oggetto di discriminazione, di molestie, di violenze. Spetta però a noi donne la capacità di imporci, di imporre la nostra forza, le nostre qualità, la nostra intelligenza, la nostra autostima. Il mondo femminile è così complicato, complesso e completo da essere difficilmente scrutabile dall'esterno ed ecco che questo gioca a nostro favore. La nostra imprevedibilità ci fornisce un'arma in più per stupire e sorprendere. Questo significa che l'essere donna è già, di per sé, una marcia in più. Credo che concepire la donna come persona con qualità e capacità rilevanti è già un grosso messaggio di autostima.

Sappiamo bene che, migliorando le nostre convinzioni, miglioriamo i nostri pensieri, le nostre reazioni, ed i nostri risultati. Proprio così, le convinzioni possono essere limitanti o potenzianti ed a seconda di queste ultime, utilizziamo risorse più meno positive che portano a delle azioni e quindi a dei risultati.

Ovvio è che, se partiamo da convinzioni potenzianti, le relative risorse, azioni corrispondenti e risultati saranno positive.

Motivo per cui, se partiamo dal convincimento che essere donna è un gran valore aggiunto, che la donna ha delle potenzialità immense e talvolta inespresse e che se trasformate in azioni, possono portare a grandi risultati, è facile capire come sia possibile raggiungere obiettivi impensabili.

SEGRETO n. 4: la donna, se consapevole delle proprie capacità, è forza e potenza.

Non a caso ho parlato, in precedenza, di grandi donne, con grandi potenzialità tutte espresse, che hanno permesso loro di raggiungere obiettivi immensi. Queste "super donne", in realtà, non hanno nulla di super se non la propria autostima! Sono donne consapevoli delle loro qualità e hanno deciso di esprimerle tutte al meglio.

Quindi, a voi donne, mi sento di dire: *"siate grandi, siate folli, siate coscienti e, soprattutto, siate libere di esprimere il meglio di voi"*. La donna è la pagina a colori del grande libro della vita, quindi, diamo colore al mondo e facciamolo sempre, ovunque e comunque. Se la donna è a colori, lo sarà tutto ciò che la circonda ed un mondo a colori è sicuramente un mondo migliore.

Tra le donne

Dedicare delle pagine all'analisi dei rapporti tra le donne è qualcosa che mi affascina ed, al contempo, mi spaventa perché le sfaccettature sono infinite ed i riscontri impensabili. L'argomento è tanto interessante quanto complesso. Le donne, tra loro, possono essere amiche e complici, ma anche, nemiche acerrime e rivali senza scrupoli.

Tra donne è facile soffrire di invidie, gelosie, arrivismi, e rivalità. Questo è un gran peccato perché le donne, insieme, sono una forza della natura, ma divise e nemiche, possono fare e farsi molto male. La complicità è un grande valore ed è un peccato non sfruttarlo quando si parla di donne. Immaginate quanto possa essere fantastico unire più forze, tutte diverse, ma tutte nella medesima direzione.

Le donne, insieme, possono essere imbattibili perché sono un concentrato di forza e fragilità, di serietà ed ironia, di ragione e sentimento, di testa e di cuore. La donna ha quel *"quid"* in più che le è stato donato in origine. Può occuparsi di se stessa, ma anche del proprio compagno, dei figli, del lavoro, e tutto, contemporaneamente. La donna riesce a pensare e fare più cose insieme e, quando lo fa accanto ad altre donne, insieme, possono raggiungere l'impossibile. Ecco perché è paradossale vederle in competizione, soprattutto quella competizione malata che distrugge ed annienta.

Le donne dovrebbero sempre essere "insieme" e formare un "insieme" ossia vivere in condivisione, in compagnia, in compartecipazione, mai, come in questo caso, trova ragione d'essere il concetto secondo il quale l'unione fa la forza…e che forza!

SEGRETO n. 5: la complicità tra donne è una ricchezza inestimabile.

Nella mia esperienza personale, di donne ne ho incontrate tante e tanto da loro ho imparato. Mi hanno insegnato a scoprire lati del mio carattere che non conoscevo, qualità fino ad allora inespresse e capacità ignorate completamente. Ecco perché sento di dire un grande grazie a tutte le donne che ho incontrato nella mia vita, più o meno forti, più o meno sensibili, più o meno sincere, più o meno capaci di dare e ricevere affetto vero. Quelle donne, amiche o nemiche, che, comunque, ti aiutano a crescere.

Perché anche le delusioni temprano il carattere di una persona, e ti fanno capire come vorresti essere e non sei, come non vorresti essere e, magari, sei. Devo ammetterlo, e ho piacere a farlo, sono le altre donne che hanno saputo tirar fuori il meglio di me.
La loro approvazione, o disapprovazione, i loro complimenti o i loro rimproveri, i loro sorrisi o le loro lacrime, i loro ringraziamenti o la loro indifferenza, mi hanno fatto capire quale potesse essere la giusta direzione e, seppur tra mille difficoltà e disorientamenti, cerco di percorrerla ogni giorno perché la vita è una, una soltanto e va assaporata e vissuta appieno.

La prima donna, meravigliosa, che ho incontrato nella mia vita è, ovviamente, la mia mamma! Grande, immensa donna. In lei ho trovato quello spirito materno, quella totale abnegazione alla famiglia, quell'amore immenso di colei che sa donare sempre, senza chiedere nulla in cambio. Esempio di moralità ed amore infinito.

Da lei ho imparato ad essere figlia, non sempre modello, ma pur sempre devota e grata per quel dono, immenso, che ho ricevuto, per averla come mamma. Mi ha insegnato il sacrificio, il silenzio (da me non sempre rispettato e condiviso), l'ascolto e la rinuncia. Tutto e solo per il bene dei suoi cari. Cuore grande ed intelligenza sopraffina. Capace di parlare pur tacendo, di urlare in silenzio, di stare accanto ad un uomo difficile anche se, comunque, grande uomo, fortunato ad aver trovato lei, una grande donna, perché lo si sa, accanto ad un grande uomo c'è sempre una grande donna!

Tra noi c'è sempre stata molta complicità. Mio papà autoritario e despota, mia mamma dolce e comprensiva. Lei era l'equilibrio di fronte all'educazione ferrea di mio padre. Lei mi dava la forza di sopportare e tollerare l'autoritarismo di un uomo poco consono all'ascolto ed al dialogo. Donna tanto debole quanto forte, capace di farmi ragionare e farmi vedere il positivo delle cose e, perché no, anche il negativo, mettendomi in guardia da persone e situazioni spiacevoli.

In lei ritrovo la madre perfetta, quel tutto che abbraccia

l'immenso. Nei suoi occhi vedo l'amore vero, incondizionato, grande, unico...l'amore di mamma! Accanto a lei non posso dimenticare la mia seconda di mamma e cioè la mia nonna. Lei è stata la mia protezione ogni qualvolta mamma e papà erano lontani per lavoro. Era la mia guardia del corpo, la mia tutrice e protettrice. Mi ha amato molto ed io ho ricambiato tutto il suo amore fino all'ultimo istante. Io la sua nipote preferita e lei la mia nonna adorata che, da lassù, sento sempre vicina.

Un'altra donna, fondamentale, della mia vita e non poteva essere diversamente, è mia figlia. Doveroso dire che, se ho scritto questo libro, se posso vedere realizzato il mio sogno nel cassetto, lo devo soprattutto a lei. Mi sono ritrovata ad essere madre quando non sapevo, ancora, come essere figlia. Un fulmine a ciel sereno, ma che magnifico fulmine! Se qualcuno meritava di insegnarmi a fare la mamma, non poteva che essere lei. Non avrei potuto trovare un "insegnante" migliore.

Per molti anni ho copiato quel sistema educativo che, tanto, mi infastidiva, quando ero bambina, quello di mio padre. Stranamente, quando mi sono ritrovata mamma, ho capito che era fondamentale trasferirle quegli elementi importanti a mio tempo ricevuti: ossia rigore, morale, educazione e rispetto. Ammetto di essere stata una madre non sempre facile. Donna in carriera, poco presente, alcune volte, e molto severa spesso.

Le incomprensioni non sono mancate, per non parlare di discussioni e musi lunghi. Ma, oggi, dopo poco più di venti anni, posso dire di avere un bellissimo rapporto con lei. Soprattutto, e questo, mi inorgoglisce, poiché ho raggiunto quella complicità tra madre e figlia che io ho sempre avuto con la mia mamma.

Fantastico sapere che, oggi, di mia figlia so tutto o quasi. Si confida con me, mi parla, si apre completamente, chiedendomi consigli e pareri…semplicemente fantastico! Sono passata dall'essere una mamma severa, rigida, autoritaria all'essere complice, flessibile, ed autorevole. Non nego che ho dovuto ingoiare bocconi amari, soffrire, accettare e giustificare le difficoltà tipiche dell'adolescenza e della giovinezza.

Ma se oggi, per mia figlia, sono sua mamma, ma anche la sua migliore amica, lo devo, anche, alla mia capacità di smussare i lati non sempre semplici del mio carattere, la consapevolezza che il silenzio, alcune volte, è meglio delle parole sbagliate e che sapere è molto meglio che ignorare. A tutte le mamme dico, semplicemente, che una difficile verità è molto meglio di una facile menzogna.

Nel mio breve excursus, non posso dimenticare quella migliore amica, che pensavo di conoscere ed, invece, non conoscevo affatto; le mie compagne di classe, alcune ancora nel mio cuore con le quali ci si sente, di tanto in tanto e ci si incontra tra risate e ricordi indimenticabili; alcune colleghe e compagne di viaggi; alcuni rapporti bellissimi ed indimenticabili, altri, invece, dolorosi, ma pur sempre importanti ed utili alla mia crescita perché le delusioni e le sofferenze fanno crescere velocemente.

Ed, infine, le mie amiche, quelle attuali, quelle che, oggi, accompagnano la mia vita, quelle amiche alle quali non devi dire molto, perché loro "il mio molto" già lo conoscono. Quelle che hanno tirato fuori il meglio di me, quelle che riescono a farmi sentire importante e che amano stare in mia compagnia ed io adoro stare nella loro di compagnia. Quelle amiche con le quali anche se non ti senti tutti i giorni, sono dentro di te tutto il giorno. Alcune conosciute qualche anno fa, inaspettatamente, ma fortunatamente direi. Altre, conosciute negli ultimi tempi e non esagero a definirle amiche perché l'amicizia è oltre il tempo e lo spazio.

L'amicizia è fiducia e stima. L'amicizia, quella vera, è la presenza nel momento del bisogno. È la pacca sulla spalla quando siamo tristi, l'affetto sincero, il sapere che quella persona per noi c'è sempre e comunque. Quanto mi hanno insegnato e mi continuano ad insegnare le mie amiche, loro non lo sanno, ma se non ci fossero, io non sarei la donna che sono con i miei pregi e i miei difetti.
Quando mi chiedono dei consigli, si confidano con me, mi guardano con affetto sincero e stima, loro mi aiutano ad amare sempre di più e ad amare il mondo. Perché il mondo, con loro, è sicuramente un mondo migliore. Non smetterò mai di amarvi, di parlarvi, di ringraziarvi, di consigliarvi e confidarmi, di ascoltarvi e abbracciarvi.

Ecco cosa sono le donne: "insieme" sono una forza incredibile. "Insieme" posso crescere, maturare, correggere i lati sbagliati, risolvere problemi, comprendersi e capirsi, sostenersi e scoprirsi delle grandi donne!

RIEPILOGO DEL CAPITOLO 3:

- SEGRETO n. 1: gli uomini-le donne-tra le donne...universi diversi e uguali.
- SEGRETO n. 2: il mondo maschile è comprensibile ai nostri occhi e al nostro cuore...basta solo volerlo.
- SEGRETO n. 3: no alla violenza e alle molestie...bisogna denunciare!
- SEGRETO n. 4: la donna, se consapevole delle proprie capacità, è forza e potenza.
- SEGRETO n. 5: la complicità tra donne è una ricchezza inestimabile.

Capitolo 4:
Aumentare la propria sicurezza con le "3A"

Autoanalisi

Non si può riconoscere la propria autostima e valutare il suo livello se, prima, non ci si ferma ad un processo, sicuramente inferiore, ma fondamentale, ossia il processo di autoanalisi, quella capacità, cioè, di analizzare sé stessi da un punto di vista esterno, obiettivo ed oggettivo. Attraverso quest'ultima, è possibile "svuotarsi", un po', delle proprie emozioni, guardare i propri comportamenti dall'esterno al fine di potersi migliorare.

Riconoscere la propria creatività, per esempio, ed esternarla, praticando le proprie passioni, aiuta a sentirsi più soddisfatti di se stessi e più appagati. L'autoanalisi è proprio un esame psicanalitico che il soggetto compie su se stesso, una vera introspezione, efficace, ma molto soggettiva. Forte consapevolezza e senso introspettivo sono aspetti fondamentali per ottenere dei buoni risultati.

Spesso si dice: *"nessuno può conoscermi meglio di me stesso"*. Una giusta affermazione, ma è poi cosi facile conoscere sé stessi? È molto semplice dirlo, provarci, ma conoscersi a pieno e scavare fino in fondo, ossia fino all'inconscio è sicuramente molto più complesso.

L'inconscio, infatti, è la parte più remota della mente, nella quale si annidano ricordi rimossi, esperienze segnanti ed, in più generale, pensieri che sembrano non appartenerci, ma che si rivelano nelle azioni che compiamo tutti i giorni, per esempio, scatti d'ira, dimenticanze, lapsus, gesti involontari.

Quando l'inconscio diventa coscienza, si verifica l'abbattimento di molte paure, fobie, e problemi di varia natura. I pensieri prima racchiusi nell'inconscio e poi emersi fino alla piena coscienza, perdono la loro pericolosità e diventano consapevolezza, quindi forza.

In questo momento, non voglio parlare dell'autoanalisi tecnicamente detta, quella, cioè, fatta con l'aiuto di uno psicanalista esperto, ma di un metodo introspettivo più semplice e comunque efficace se fatto con volontà e sincerità.

Il primo passo potrebbe essere quello di mettere per iscritto alcuni aspetti della propria vita. Scrivere di sé stessi insomma. Fare un excursus della propria esistenza, scovando e facendo emergere ricordi e pensieri lasciati nascosti, mai detti a voce, ma che trovano il coraggio di palesarsi su un foglio di carta, magari coadiuvati da disegni.

Pensieri dolorosi per i quali si può provare anche vergogna, che più di una volta sono riapparsi per un attimo e poi ributtati giù. Messi nero su bianco restano, permanenti, non si possono più ignorare. Dopodiché, si possono dare dei valori ad ogni pensiero, preoccupazione, problema e motivazione in modo da stabilire delle priorità d'azione.

L'autoanalisi è un metodo, psicanalitico, veritiero ed allo stesso tempo affascinante, permette di esplorare se stessi in prima persona, regalando piacere per la scoperta, ma si potrà anche andare incontro a dispiaceri e momenti di sconforto dovuti al riaffiorare di vecchi scheletri. Affrontata con forza e determinazione, può aiutare a trovare quella giusta carica per migliorarsi e ritrovarsi più forti e tenaci di prima.

Fare luce e chiarezza sulla nostra vita è fondamentale per correggere il tiro ed andare verso la giusta direzione. Imparare a farci delle domande sulla nostra quotidianità, sui nostri pensieri, su come impieghiamo il nostro tempo, sulle influenze positive o negative che abbiamo, sul nostro aspetto fisico, sulle nostre soddisfazioni o insoddisfazioni, sulle nostre abitudini alimentari, sui nostri progetti, obiettivi, sulle nostre paure sui nostri punti di forza, sui nostri piaceri, sul nostro lavoro, su coloro che ci circondano, sul tempo che dedichiamo al lavoro, al sonno, al gioco e rilassamento, e ad acquisire nuove conoscenze.

Tutti questi aspetti, se emersi con sincerità e chiarezza, possono aiutare a fare il punto della situazione creando e scoprendo, così, il proprio talento. Ripetere questo percorso almeno una volta all'anno, aiuta a percepire i progressi, e trovare nuovi stimoli per migliorare la propria vita sempre di più.

SEGRETO n. 1: l'autoanalisi ossia la capacità di analizzare sé stessi in maniera obiettiva è alla base dell'autostima.

Appare chiaro che, se non sappiamo bene chi siamo, da dove partiamo e cosa abbiamo fatto fino ad oggi, non potremo mai focalizzare la nostra mente verso chi vorremmo essere.

La completa conoscenza di noi stessi ci aiuta a mettere a punto un piano d'azione chiaro, fatto su misura per noi stessi, che segue le nostre ambizioni e ispirazioni. Naturalmente, tutto quello che conosciamo e che non ignoriamo, ci fa meno paura e lo affrontiamo con forza e determinazione. Trovare la nostra cartina di tornasole, ossia la prova decisiva ed inconfutabile di quello che noi siamo e che vorremmo essere è decisivo, fondamentale per diventare "la migliore versione di noi stessi".

Analizzare i propri pregi e difetti fa chiarezza su noi stessi e potenzia i nostri lati positivi perché sono questi ultimi che ci indicano la direzione giusta da seguire. Il nostro cervello è facilmente condizionabile e quindi, agendo d'astuzia, possiamo fargli credere che tutto è possibile e lui ci aiuterà a rendere il tutto possibile.

Avere paura di scoprirci, significa avere paura di noi stessi, avere paura di cambiare e migliorare. Metterci a nudo, invece, porta ad una consapevolezza totale di noi stessi, ad una presa di coscienza chiara e inequivocabile. Se mi conosco bene, potrò raggiungere più facilmente "il mio bene". Credo sia chiaro il concetto secondo il quale non si raggiungono mete ambiziose superando gli altri, ma superando noi stessi.

Per superare noi stessi, dobbiamo conoscere i nostri limiti e sapere che niente è insormontabile. Quindi, più che la nostra fotografia, deve interessarci il nostro "negativo" ossia quello che non si vede facilmente, quello che è all'origine di noi stessi, quello che non vorremmo vedere ma che esiste e che va affrontato e superato.

Lo stesso Pirandello affermava: *"Imparerai a tue spese che, nel lungo tragitto della vita, incontrerai tante maschere e pochi volti"*… beh, non vorremo essere noi la prima maschera da incontrare, vero? Proprio così, se non facciamo chiarezza su noi stessi, andremo avanti con la nostra maschera, magari quella peggiore e non scopriremo mai il nostro vero volto, quello migliore, vero, potenziante e vincente.

Quindi, superiamo il timore di conoscerci fino in fondo, smascheriamo la nostra anima, il nostro cuore, la nostra mente, il nostro volto e lanciamoci verso la verità. Se riusciamo a conoscere bene il nostro "essere" senza fronzoli, eliminando il superfluo, riusciremo ad avere piena consapevolezza delle nostre qualità e le utilizzeremo tutte senza sprecare nulla di tutto il meglio che siamo e che abbiamo.

Sinteticamente, se non conosciamo il nostro punto di partenza, non potremo conoscere quello di arrivo e non partiremo mai, ma stazioneremo sempre nella nostra zona di comfort ossia di comodità, di agio, ma che in realtà è la nostra zona di scomodità, di disagio perché ci obbliga a fermarci sempre, mentre, invece, noi siamo stati creati per essere in movimento continuo. L'azione è vitale, l'inattività è mortale.

VIVERE: Vai, Immergiti, Valorizzati, Esplorati, Realizzati, Emergi! …credo che sia un acronimo completo ed efficace… Quindi, VIVIAMO appieno quella magia unica e rara che è la nostra VITA!

SEGRETO n. 2: conoscere i nostri limiti aiuta a superarli

Autorevolezza

Spesso, mi piace partire dalla definizione latina di un termine per poterne apprezzare appieno il significato più completo e chiaro. L'autorevolezza dal latino *"gravitas"* ossia dignità, serietà e dovere, è una delle più antiche virtù romane insieme alla *"pietas"* e la *"dignitas"*. La gravità è una forza di attrazione che esiste fra due qualsiasi masse, corpi o particelle e da questa definizione fisica è facile trovare quella più ampia e generale ossia la capacità di attrarre e di attrarsi.

Proprio così, colui che è autorevole attrae a sé. L'autorevolezza non viene imposta, ma viene riconosciuta a chi, avendo un comportamento partecipativo piuttosto che direttivo, è capace di coinvolgere gli altri ed influenzarne i comportamenti.

Spesso, viene confusa con l'autorità, ma, in realtà, sono due termini completamente opposti, che possono coesistere nella stessa persona, ma che rappresentano due caratteristiche completamente diverse. L'autorità dal latino *"auctoritas"* viene riconosciuta dall'alto, è la posizione di chi viene investito di un potere, di una carica. L'autorevolezza, invece, si crea spontaneamente per la capacità del capo di essere un leader e di infondere sicurezza, protezione e fiducia per le proprie qualità personali e per il proprio operato.

In poche parole è un prestigio. Essere autorevole impone la completa conoscenza di sé stessi e lo sforzo continuo di conoscere coloro che ci circondano, di comprenderli e di portarli a compiere azioni positive per se stessi e per gli altri. L'autorevolezza è compartecipazione per il bene comune.

Autorevole è colui che è credibile. Colui che ha una visione chiara di dove si vuole andare e la trasmette ai propri collaboratori, ai propri amici, alla propria famiglia. L'umiltà è la caratteristica fondamentale di colui che è autorevole e che, quindi, riesce ad essere un vero leader. Umile perché non occorre ostentare nulla se si sa di valere. Perché è giusto che siano gli altri a scoprire le proprie qualità, non le si deve imporre.

Umile perché nessuno può togliere, semmai qualcuno può aggiungere in termini di ricchezza morale, personale e umana. L'autorevolezza trascina a sé perché non si esprime con le parole, ma con i fatti. Si educa con quello che si dice, ma molto di più con quello che si fa e, soprattutto, con quello che si "È".

SEGRETO n. 3: l'autorità non è sinonimo di autorevolezza.

Essere da esempio è fondamentale per definire una persona autorevole. Se con le parole un po' tutti possiamo essere bravi, è solo con i fatti che si dimostrano le nostre vere qualità. Così come i bambini, anche noi adulti, abbiamo bisogno di esempi da imitare, replichiamo, spesso, ciò che vediamo fare e ripetiamo parole e gesti, laddove riconosciamo un qualsiasi valore aggiunto a qualcuno.

Non a caso, si dice che noi siamo la somma delle persone che frequentiamo maggiormente. Immaginiamo la fortuna di poter vivere accanto ad una persona autorevole…è un successo garantito. L'autorevolezza è l'anticamera dell'autostima. Infatti, se si ha la consapevolezza delle proprie qualità e capacità, se ci si rende conto che anche chi ci circonda le riconosce e le apprezza è ovvio che eleviamo il nostro grado di autostima perché avere conferma dei nostri pensieri, aiuta a rafforzarli.

L'autorevolezza, inoltre, non può prescindere da un elemento importante ossia l'ascolto dapprima di sé stessi e, subito dopo, degli altri. Ascoltare noi stessi è fondamentale per conoscere i nostri bisogni, le nostre esigenze, i nostri obiettivi, ma lo è altrettanto, conoscere bisogni, esigenze ed obiettivi degli altri per coordinarli e fortificarli.

Ascoltare gli altri, senza alcun pregiudizio, in modo da poter giudicare in maniera obiettiva e valutare la cosa giusta da fare, condividendola e pianificandola in modo adeguato. Non dimentichiamo che, se da soli possiamo realizzare tanto, insieme, si può realizzare molto di più. Essere autorevole è una grande responsabilità, non è un mero piacere.

L'autorevolezza ha in sé i pregi ed i difetti delle conseguenze di pensieri ed azioni comunque condivisi, ma ispirati da colui che è autorevole. È sicuramente meraviglioso quando qualcuno ti riconosce delle capacità, ti chiede consigli, ti imita, ti desidera, ti cerca, ti segue e ti ammira, ma tutto questo, include forte senso di responsabilità, di partecipazione e di coraggio. Proprio così, l'autorevolezza è coraggio. Coraggio di pensare, di parlare, di fare, ma soprattutto di essere!

SEGRETO n. 4: l'autorevolezza è la capacità di attrarre e attrarsi.

Autostima... Auto accettazione...Accettazione

Non è più una novità, la mia abitudine di partire dal significato del termine in latino, per poi sviscerarne aspetti ed approfondimenti. La parola "autostima" è composta da "stima" che deriva dal latino *"aestimare"*, nel senso di valutare, e la parte riferita al sé, invece, costituita dalla parola "auto". Quindi, l'autostima altro non è che il modo in cui valutiamo noi stessi.

Ecco il significato chiaro del termine. Se riteniamo che ciò che facciamo e che siamo è positivo e quindi meritevole di gratificazioni ed apprezzamenti, non avremo nessun problema di autostima; ma se al contrario, non siamo soddisfatti di noi stessi, e crediamo di essere inadatti e per nulla apprezzati, sarà chiaro sintomo di bassa o addirittura inesistente autostima.

Nel concetto di autostima, assumono rilevanza i nostri pensieri, ossia quei processi che portano alla formazione delle idee, dei desideri, dell'immaginazione, del giudizio. Di fronte ad una qualsiasi tipologia di evento possiamo pensare e di conseguenza provare sensazioni diverse.

Se formuliamo pensieri negativi, anche le nostre emozioni lo saranno e probabilmente accuseremo anche sintomi fisici negativi e le nostre reazioni, difficilmente, saranno costruttive. Se, al contrario, difronte allo stesso evento, i nostri pensieri saranno positivi, proveremo emozioni altrettanto positive, così come le nostre sensazioni fisiche, ed il tutto ci porterà ad agire in modo costruttivo.

Gli eventi portano a dei pensieri che condizionano i comportamenti e, provocando sensazioni fisiche e psichiche diverse, influiscono sul risultato. Le emozioni che vengono generate dai nostri pensieri, possono condizionare fortemente le nostre reazioni e quindi cambiarne i risultati. I nostri pensieri sono direttamente collegati alle nostre supposizioni oppure a delle nostre convinzioni di fondo.

Le supposizioni, a differenza delle convinzioni, non sono dei dati di fatto oggettivi, ma solo delle nostre valutazioni non sempre veritiere. Spesso se le convinzioni e le valutazioni sono negative, lo saranno anche i pensieri a monte e quindi l'intero sistema mentale e comportamentale.

Credo che, in questo momento, sia fondamentale un esempio per comprendere meglio i concetti sopra descritti. Ossia, se ad esempio, siamo convinti di essere antipatici (pensiero negativo), quindi è inutile frequentare persone (supposizione negativa), resto sempre da solo perché mi convinco di essere davvero antipatico (valutazione negativa). Per distruggere questa catena di negatività potremmo aiutarci con delle azioni mirate.

In questo esempio, magari, potremo iniziare ad essere gentili con tutti in modo da renderci meno antipatici, e modificare il nostro pensiero di base. Alla base dell'autostima c'è l'accettazione di noi stessi. Più ci accettiamo e maggiore sarà la nostra autostima. Ricordandoci, sempre, che quei pensieri, supposizioni e convinzioni sono dei punti di vista e non dei dati di fatto e che, di solito, sono sbagliati e quindi modificabili in meglio.

Fondamentale per capire se un nostro pensiero è veritiero o meno, è trovare le prove. Ossia dimostrare praticamente che sia una verità inconfutabile. Così facendo ci accorgeremo che non sempre possiamo dimostrare la nostra inadeguatezza, quindi, capiremo che possiamo essere addirittura il contrario di ciò che pensiamo.

Nell'esempio precedente, ci potremo accorgere di non avere tanti eventi a favore della nostra tesi disfattista di antipatia, ma, addirittura, potremo scoprire una serie di episodi che dimostrano esattamente il contrario. Ancora una volta, ci accorgiamo che l'azione è alla base della soluzione di molti problemi. Agisco per trovare delle prove, per dimostrare il contrario, infine per modificare i miei pensieri negativi e, quindi, i relativi risultati.

Un segreto, fondamentale, per alzare il nostro livello di autostima è quello di concentrarci sulle nostre virtù e sui nostri punti di forza così da modificare le nostre percezioni da negative a positive. Questo lo si può fare, soffermandoci ogni giorno su quello che di positivo ci è accaduto, sugli effetti soddisfacenti degli eventi e portare il cervello a ricordare, maggiormente, gli eventi positivi anziché quelli negativi.

Anche il nostro cervello ha bisogno di allenamento così come il nostro fisico. Più lo alleniamo a ricordare il bello, più sarà portato a farci agire per raggiungere il meglio! L'autostima è paragonabile ad un palazzo in costruzione. Lavorando in modo ottimale sul progetto iniziale, analizzandone a priori le possibili criticità e le relative soluzioni, operando sulle fondamenta, proiettando il progetto verso la realizzazione di una struttura solida e robusta, saremo in grado di realizzare una costruzione esteticamente e sostanzialmente impeccabile.

La nostra autostima sarà tanto più alta quanto più elevata sarà la nostra capacità di auto accettazione ossia quel processo attraverso il quale conosciamo ed accettiamo i nostri pregi e soprattutto i nostri difetti, comprendendo che, se qualcosa in noi non è positivo, non vuol dire che tutto di noi è sbagliato. Siamo individui troppo complessi per essere valutati solo per pochi aspetti, quindi, impariamo a vederci e ad apprezzarci nella nostra totalità, nella nostra complessità.

Non meno importante, è l'accettazione, da parte degli altri, di noi stessi. Il parere che la gente ha di noi è sicuramente importante, ma non fondamentale, nel senso che, laddove individuiamo un valore aggiunto dai pareri altrui, dobbiamo tenerlo ben stretto e usarlo per dare conferma alla nostra autostima, ma al contrario, se ci rendiamo conto che è solo deleterio per noi e per le nostre scelte, dobbiamo essere capaci di eliminarlo dai nostri pensieri. Una valutazione meramente e falsamente negativa non ci serve, quindi va annullata dalla nostra mente e dal nostro cuore.

Infine, fondamentale è l'accettazione delle situazioni, ossia la capacità di capire che possono esserci dei momenti complicati e delle decisioni difficili da prendere, magari anche necessarie per stravolgere la nostra vita, ma, spesso: il cambiamento porta al miglioramento.

SEGRETO n. 5: l'autostima altro non è che il risultato per cui ci auto accettiamo, ci accettano gli altri e accettiamo le situazioni.

RIEPILOGO DEL CAPITOLO 4:

- SEGRETO n. 1: l'autoanalisi ossia la capacità di analizzare se stessi in maniera obiettiva è alla base dell'autostima.
- SEGRETO n. 2: conoscere i nostri limiti aiuta a superarli
- SEGRETO n. 3: l'autorevolezza è la capacità di attrarre e attrarsi.
- SEGRETO n. 4: l'autorità non è sinonimo di autorevolezza.
- SEGRETO n. 5: l'autostima altro non è che il risultato per cui ci auto accettiamo, ci accettano gli altri e accettiamo le situazioni.

Capitolo 5:
Come stimarti e sentirti vincente!

Paure

Le paure sono parte integrante della nostra vita, spesso, sono un meccanismo di difesa di fronte ad una situazione di pericolo reale oppure percepita. Sono, frequentemente, accompagnate da reazioni fisiche che affrontano le situazioni di emergenza con diversi tipi di comportamenti come per esempio la fuga, la lotta, il pianto e tante altre ancora.

Alla base c'è la sensazione che qualcosa possa minacciare la nostra stessa esistenza, proiettandoci verso un futuro negativo, tanto da spingerci ad azionare una serie di meccanismi di difesa di aggressione o al contrario di fuga dalla causa della nostra stessa paura.

In realtà, la paura non è sempre un'emozione negativa, anzi. Quando quest'ultima ci aiuta ad agire con prudenza, ad esaminare con attenzione i vari effetti delle nostre decisioni ed a ponderare costi e benefici delle nostre azioni, è un valido strumento di valutazione e di riscontro.

Si pensa che il coraggio sia l'esatto opposto della paura, ma in realtà, esso deve aiutare a rispettare e controllare la paura stessa. Rispettare la paura perché, quest'ultima, può indurci all'attenzione, alla calma, all'attenta valutazione del da farsi e, quindi, ad un risultato ragionato e dai riscontri positivi.

Il coraggio controlla la paura perché aiuta a non esasperare le situazioni, ad agire con calma e freddezza, a controllare reazioni interne ed esterne estreme e quindi inadeguate al momento ed alla situazione. Quindi, anche la paura della quale, paradossalmente, spesso, abbiamo "paura", può diventare una nostra alleata perché può indurci verso quella prudenza operosa ed oculata che ci porta a delle valutazioni attente ed obiettive.

Noi donne siamo, spesso, sinonimo di paura in quanto identificate con quel concetto di "sesso debole", bisognoso di protezione ed allo stesso tempo incapace di affrontare situazioni molto complesse e difficili.

Non c'è nulla di più sbagliato! La donna è forza e coraggio allo stato puro. A lei spetta il compito di mettere al mondo la vita e di dare, quindi, vita al mondo. Semmai, la donna dovrebbe "far paura"! Mi permetto una trasgressione ironica, ma con quel pizzico di verità che non guasta affatto.

È vero, siamo piene di paure, di timori, di dubbi e perplessità, ma quando c'è da agire, da fare, da azionare tutte le nostre potenzialità, siamo pronte a farlo, soprattutto per difendere i nostri diritti, e le persone alle quali vogliamo bene. Proprio così, guai a toccare i nostri sentimenti, i nostri affetti, le nostre ambizioni…sappiamo trasformarci in leoni!

SEGRETO n. 1: agire…osare sempre e comunque.

Sono certa di quello che penso e che scrivo perché ho vissuto sulla mia pelle situazioni difficili che mi hanno fatto tirar fuori una forza della quale ero inconsapevole…altro che paura! Quando, per esempio, ho affrontato la separazione, ho dovuto, soprattutto, difendere e tutelare mia figlia perché era lei l'anello debole della vicenda, ma pur di tenerla stretta a me, pur di non

farle mancare la serenità che meritava e la mia protezione, non ho avuto paura di aule di tribunali, di avvocati, giudici e giudizi.
Io dovevo andare oltre le mie paure perché il suo bene era più prezioso di qualsiasi altra mia difesa. Nessuno è riuscito a scalfire la mia forza perché lei era al di sopra di tutto e tutti. Anche delle mie paure.

Quando, ho dovuto affrontare un processo per stalking al fine di tutelare la mia serenità, quella di mio marito e quella della mia famiglia, non ho avuto paura di nulla, anzi, c'era una forza sovrumana che mi spronava a lottare contro il male gratuito, contro la follia di una mente malata, contro chi voleva far del male a me, ma soprattutto alle persone a me più care.

Avendo studiato giurisprudenza, sapevo benissimo che dietro i cavilli giuridici era facile che si potesse nascondere la verità ed è per questo che non mi ha mai affascinato l'attività legale, anzi, le aule di tribunale mi facevano paura proprio perché ne conoscevo le strategie e le tortuosità.

Purtroppo, però, quelle aule sono stata costretta a frequentarle non nella veste di giudice, né di avvocato e tantomeno di imputato, ma di vittima di una persecuzione lunga e dolorosa che ho, comunque trovato il coraggio di denunciare. Ed ecco che, stringendomi ai miei affetti più cari, ho affrontato indagini, umiliazioni, false dichiarazioni, udienze infinite, depistaggi, persecuzioni…ma ogni volta ero pronta a tutto, più forte che mai, controllavo le mie paure e le usavo come scudo…il mio scudo contro il male! Ed alla fine, io quel male l'ho vinto, l'abbiamo vinto!

La paura deve essere una nostra personale ed intima protezione. Dobbiamo evitare di mostrarla al mondo perché qualcuno potrebbe approfittarsene ed usarla a nostro discapito. Deve essere un nostro abito intimo, e nascosto agli occhi dei più. La paura è quel valore aggiunto che ci rende più forti e non più deboli.

Guai ad aver paura della paura! Impariamo a vederla come una nostra cara amica, una brava consigliera, un'attenta consulente. Di lei prendiamo il meglio ed eliminiamo le scorie inutili. Diamo la giusta misura alle nostre paure, e loro ci aiuteranno a raggiungere mete ed obiettivi inattesi. Nulla potrà sorprenderci impreparati se grazie alle nostre paure abbiamo ponderato azioni e reazioni.

La paura diventerà, così, quella stella cometa che ci indica la via, quella più giusta, quella più corretta, quella segnata per il nostro successo!

SEGRETO n. 2: non aver mai paura della paura: essa è consigliera e compagna di sfide.

SEGRETO n. 3: le paure aiutano a crescere e la crescita porta al successo.

Crescita

Il termine crescita, visto come crescita personale, è un arricchimento continuo in tutti gli aspetti della vita ossia affettivo, professionale, intellettivo, spirituale. Ogni obiettivo raggiunto è l'inizio per un nuovo traguardo. Un desiderio di migliorarsi sempre, imparando anche dai propri errori.

La voglia di fare sempre di più e meglio, la curiosità di conoscere sempre di più e tanto, il desiderio di prendere il meglio da coloro che ci circondano, ci spronano ad andare sempre più avanti verso un obiettivo tanto grandioso quanto meraviglioso: diventare *"la migliore versione di noi stessi"*.

Perché accontentarsi solo della nostra brutta copia quando, invece, possiamo avere la nostra copia più bella? Perché restare nella mediocrità quando, invece, possiamo raggiungere *l'optimum*? Perché restare nel "nostro piccolo" quando, invece, possiamo cullarci nel nostro immenso? L'essere umano è la creazione più splendida che si potesse mai avere. È destinato verso orizzonti infiniti, ma, purtroppo, la nostra pochezza, lo limita e lo imprigiona in una dimensione estremamente riduttiva ed inefficiente. Ma se abbiamo la forza di uscire da questa pseudo prigionia, possiamo liberarci verso orizzonti senza fine.

Credo sia opportuno partire dal significato letterale della parola: crescere, ossia "diventare più grande per naturale e progressivo sviluppo". Ebbene, se è già insito nel termine il nostro naturale e progressivo sviluppo che ci porta a diventare più grandi, perché non dovremmo effettivamente diventare "dei grandi"?

Onestamente, faccio fatica a capire il motivo per cui non dovremmo diventarlo se non per nostra pura pigrizia. Proprio così, credo che l'ostacolo più grande per la nostra crescita personale sia la pigrizia, ossia quella scarsa volontà di "fare", perché è più comodo il "non fare". La pigrizia mentale è quell'atteggiamento di colui che trascura l'arricchimento delle proprie conoscenze ed il rinnovamento delle proprie idee e della propria mentalità. È la mancanza di determinazione nel compiere un'azione. In realtà, però, tutta quella energia inespressa si trasforma sempre in disagio fisico, psichico e relazionale. Quindi, perché farsi sopraffare dalla pigrizia se, alla fine, ci porta a stare sempre peggio?

SEGRETO n. 4: il successo è la "vittoria" sulle nostre paure, sulla nostra pigrizia e sulle nostre sfide.

Crescere significa migliorare, migliorarsi e creare miglioramento.
È sufficiente superare la nostra scarsa volontà a fare sempre meglio perché il meglio deve essere la nostra guida continua. Spesso, ripeto una frase a me molto cara sin da quando l'ho sentita per la prima volta qualche tempo fa: *"seguire chi crea un movimento e non un lamento!"*.

Proprio così, noi dovremmo abbracciare il movimento, il cambiamento, il miglioramento e non il lamento. La nostra deve essere una crescita lenta, ma continua. Chi si ferma è perduto! Perché allora dovremmo fermarci? Per perderci nella nostra nefandezza, inerzia, insofferenza, e mediocrità? La scoperta, continua, aiuta il bambino a crescere e ad imparare e quella voglia di scoprire non deve mai abbandonarci ,soprattutto da adulti, perché è tanto ciò che possiamo scoprire ogni istante della nostra vita. Siamo circondati da stimoli continui e non è complicato cercare e trovare il miglioramento, basta solo volerlo.

Ognuno di noi non finisce mai di imparare e di stupirsi dinanzi alle novità, ai cambiamenti repentini, alle innovazioni. L'ascolto e la volontà di capire, comprendere e conoscere realtà nuove e diverse, fa di noi la ricchezza più grande. Crescere significa avanzare, spingersi in avanti, sempre più avanti, osare. Come si cresce praticamente?

SEGRETO n. 5: crescere è il naturale e progressivo sviluppo per diventare "grandi"… diventare "dei grandi"!

Abbandonando la nostra area di comfort di cui ho già parlato, ascoltando, leggendo, studiando, approfondendo, rischiando. Sì, soprattutto, rischiando di farci apparentemente del male, abbandonando il certo per l'incerto, ma in realtà, facendosi solo del bene.

Ancora oggi, dopo tante esperienze ed una vita abbastanza serena, sento di poter fare tanto e soprattutto di "doverlo" fare. Ho ricominciato a frequentare corsi, accademie, master. Continuo a conoscere gente nuova e sempre diversa e quanto mi insegnano ogni giorno!

Ho realizzato uno dei miei sogni chiusi nel cassetto per anni (proprio a causa della paura e dell'inerzia): scrivere" il mio libro." Quanta crescita in un nuovo libro letto e quanta in uno appena scritto! Proprio così, realizzare un sogno, vuol dire crescere ed io voglio crescere ancora, quindi ne dovrò realizzare ancora tanti altri di sogni…e voi?

Successo

Successo: in latino è anche *"victoria"* ossia atto o effetto del vincere. Come sempre, la lingua latina aiuta a far chiarezza sul significato puro e letterale del termine, quindi la parola "successo" ha come significato intrinseco quello proprio di vittoria.

L'elemento più complesso del successo non è soltanto quello del suo raggiungimento, ma soprattutto quello del suo mantenimento. Infatti, la cosa più complessa del successo è quella che bisogna continuare, nel tempo, ad essere un "successo".

Il talento è solo un punto di partenza. È necessario continuare a lavorare sempre per quel talento, quindi, raggiungere il successo altro non è, che dare risalto ai nostri talenti, utilizzarli per obiettivi positivi e continuare a sfruttarli per risultati sempre più ambiziosi. Qualsiasi mezzo a nostra disposizione, se non ben sfruttato ed utilizzato, può risultare inutile e addirittura dannoso e questo concetto è valido anche per i nostri talenti, le nostre capacità, le nostre qualità.

È chiaro che, prima di ogni cosa, bisogna avere piena consapevolezza e coscienza di tutto quello che realmente siamo e, soprattutto, vogliamo essere. Conoscere le nostre qualità, aiuta ad avere la totale percezione delle nostre potenzialità. Se so di poter "volare" verso mete ambiziose, mi metterò anche nelle condizioni di poterlo fare e utilizzerò qualsiasi mezzo a mia disposizione per fare in modo non solo di volare, ma soprattutto di volare il più lontano possibile!

Mi piace richiamare alla mente il celebre romanzo di Richard Bach ossia *"Il gabbiano Jonathan Livingston"*, un celebre romanzo, best seller negli anni settanta. È essenzialmente una fiaba a contenuto morale e spirituale. La metafora principale del libro non è altro che il percorso di auto perfezionamento del gabbiano che impara a volare e, quindi, a vivere attraverso l'abnegazione, il sacrificio e la gioia di farlo.

Per il gabbiano Jonathan, il volo è l'unica ragione d'essere e per questo è pronto a tutto. Alla fine, imparerà a volare, ma soprattutto a volare verso l'amore vero e la saggezza. Imparerà a volare alla velocità del pensiero, superando il limite del "qui ed ora", ovvero spostarsi liberamente nel tempo e nello spazio semplicemente pensandolo. Per il gabbiano Jonathan, il volo è l'espressione della libertà e serve a diventare sempre migliori, per aspirare alla perfezione, che consiste nel comprendere il segreto dell'amore. Raggiungere la perfezione non è fine a se stesso, ma vuol dire essere finalmente capaci di aiutare gli altri a migliorarsi e migliorare.

Ritengo che, in questo romanzo, ci siano gli elementi fondamentali per capire fino in fondo il vero valore del successo. Il successo è principalmente consapevolezza di ciò che siamo e potremo essere. Successivamente, è sacrificio per il raggiungimento della migliore versione di noi stessi e, infine, è insegnamento per noi e per gli altri, perché *"nulla siamo se nulla sapremo trasferire"*.

Saremo persone di successo non solo quando avremo raggiunto il nostro successo, ma, soprattutto, quando aiuteremo gli altri a raggiungere il proprio. Il successo ci deve essere riconosciuto da chi ci circonda, ma soprattutto deve essere trasferito a chi chiede e ambisce al proprio successo.

Appare chiaro ed inequivocabile che il successo e l'autostima diventano le due facce di una stessa medaglia. Se raggiungo il successo, avrò un elevato livello di autostima e, viceversa, se ho molta autostima, raggiungere il successo sarà la normale conseguenza. Successo come vittoria sui nostri limiti, sulla nostra mancanza di volontà, sulla nostra mancanza di ambizione, sulla nostra inattività.

Il successo va desiderato e programmato, è la somma di vittorie continue e costanti, piccole vittorie, ma grandi conquiste. Non è un parolone lontano noi, che fa paura solo a pronunciarlo, il successo siamo noi ed i nostri continui sforzi ad essere migliori di ieri e migliorabili rispetto a domani. Il successo è amarsi ed amare noi stessi, gli altri e soprattutto la vita. Il successo è autostimarsi…ed è questo il vero segreto!

L'autostima dobbiamo perseguirla, dobbiamo conquistarla giorno dopo giorno e dobbiamo tenerla stretta perché è preziosa, è fondamentale per la nostra stessa vita e per la vita di chi ci vive accanto. *"Io mi stimo"*: deve essere il nostro mantra, la nostra parola d'ordine, la nostra guida, la luce in fondo al tunnel.

RIEPILOGO DEL CAPITOLO 5:

- SEGRETO n. 1: agire…osare sempre e comunque.
- SEGRETO n. 2: non aver mai paura della paura: essa è consigliera e compagna di sfide.
- SEGRETO n. 3: le paure aiutano a crescere e la crescita porta al successo.
- SEGRETO n. 4: il successo è la "vittoria" sulle nostre paure, sulla nostra pigrizia e sulle nostre sfide.
- SEGRETO n. 5: crescere è il naturale e progressivo sviluppo per diventare "grandi"… diventare "dei grandi"!

Conclusione

Scrivere un libro sull'autostima femminile è stato, per me, un percorso unico e meraviglioso, ma per il mio lettore, vuole essere un aiuto ad aumentare la propria sicurezza e ad essere vincente, semplicemente imparando a conoscere ed a sfruttare al meglio le proprie immense potenzialità.

Ho cercato di mettere per iscritto tutte quelle esperienze e quei consigli che mi hanno aiutato a credere in me stessa e ad apprezzare il mio "essere donna". Nulla nasce per caso e men che meno questo libro. Sono certa che queste pagine suggelleranno non solo i miei ricordi, ma soprattutto, per te che le leggi, porranno le fondamenta per una visione più completa e positiva della tua persona, delle tue qualità e della tua forza interiore.

Avrai compreso quanto sia importante amarsi e amare la vita e quanto ognuno di noi sia un essere unico e insostituibile. Avrai letto di quanto le diverse esperienze segnano il nostro percorso e di quanto sia fondamentale assumere un atteggiamento positivo di fronte a qualsiasi situazione perché il nostro pensiero influenza enormemente l'esito di ogni nostra azione.

Ti sarai reso conto che la nostra esistenza non è fine a se stessa...ognuno di noi ha una missione ben definita: *aiutare se stesso e gli altri ad essere liberi!"*. La libertà è la capacità di saper scegliere ossia di saper scegliere il meglio! Proprio così, essere consapevoli della propria missione, della propria libertà, ci porterà a raggiungere il "meglio" e quindi anche *"la versione migliore di noi stessi"* (come spesso ripete il mio editore).

Infine, auguro ad ognuno di noi di essere "dei vincenti"! Vincenti con noi stessi, vincenti dinanzi al mondo, vincenti dinanzi alla vita. Basta poco, basta solo volerlo, basta solo conoscere ed estrinsecare il nostro immenso patrimonio interiore! Conoscersi per volersi bene e donare il nostro bene!

Nelle mie esperienze di lavoro, mi sono sempre occupata di formazione e di motivazione. Un settore meraviglioso che aiuta chi ascolta, ma anche chi parla. Proprio così, non si finisce mai di imparare e di insegnare, di formarsi e di formare, di motivarsi e motivare. Mi auguro di essere riuscita a trasferire anche a te questo mio continuo bisogno di scoperta delle potenzialità e qualità personali di coloro che entrano a far parte della nostra vita. Se ti balenerà alla mente anche una sola delle tue grandi qualità e la utilizzerai per avvicinarti alla tua felicità, io avrò raggiunto il mio obiettivo più grande: *"aiutarti a stimare l'essere meraviglioso che sei!"*.

L'autostima: non poteva che essere un sostantivo "femminile". Non a caso il titolo di questo libro: "L'Autostima è donna".

La donna capace di ricevere, ma soprattutto di dare. La donna consapevole del suo immenso valore. La donna culla di vita. La donna, figlia, moglie, madre…La donna ispiratrice d'arte e di valori. La donna forza e potenza. La donna mente e soprattutto cuore. La donna essere unico e inimitabile. La donna valore immenso. Proprio così, la donna è tutto questo e molto altro ancora, non dobbiamo averne alcun dubbio.

RICORDA:

La donna "può" laddove vuole! La donna "deve" laddove è necessario. La donna "È" laddove sa di "Essere". La donna è autostima e… "L'autostima è donna"!

*****

Se desideri confrontarti con me e con le mie esperienze, diramare dubbi o perplessità, aiutare a motivarti e/o motivare le persone che fanno parte della tua famiglia, del tuo ambiente di lavoro, della tua vita, non esitare a contattarmi attraverso la mia pagina Facebook, Instagram, Telegram o Messenger e, magari, consigliare il mio libro, se ritieni che la sua lettura sia stata utile e gradevole.

Il mio indirizzo e-mail dove potrai sempre contattarmi è il seguente: info@grazialillo.it

www.ingramcontent.com/pod-product-compliance
Lightning Source LLC
Chambersburg PA
CBHW050915160426
43194CB00011B/2412